JOSEPH GOEBBELS

COMBAT
POUR
BERLIN

OMNIA VERITAS

Joseph Goebbels
(1897-1945)

COMBAT POUR BERLIN

Kampf um Berlin

1934

Publié par

Omnia Veritas LTD

www.omnia-veritas.com

INTRODUCTION 7

CHAPITRE PREMIER 9
Arrivée dans la capitale 9

CHAPITRE II 27
Le mouvement à Berlin 27

CHAPITRE III 43
Malgré la terreur 43

CHAPITRE IV 66
Le S.A. inconnu 66

CHAPITRE V 83
Sanglant Essor 83

CHAPITRE VI 99
L'Interdiction 99

CHAPITRE VII 119
Brimades policières 119

CHAPITRE VIII 134
Der Angriff 134

CHAPITRE IX 150
Les fidèles et les lâches 150

CHAPITRE X 164
Nuremberg 1927 164

CHAPITRE XI 180
La crise surmontée 180

CHAPITRE XII 192
Interdit ... Pas mort 192

DÉJÀ PARUS 217

À la Vieille Garde berlinoise du Parti.

Joseph Goebbels

Introduction

Dans l'histoire des mouvements révolutionnaires, la lutte pour la capitale constitue toujours un chapitre particulier. La capitale est une valeur en soi. Elle représente le centre de toutes les forces politiques, économiques et culturelles du pays. À partir de ce centre, son rayonnement atteint la province, et pas une ville, pas un village n'y échappent.

Berlin est quelque chose d'unique en Allemagne. Sa population ne se compose pas, comme celle d'une ville quelconque, d'une masse uniforme, repliée sur elle-même, et homogène. Le Berlinois : c'est le produit d'un substrat berlinois de toujours, complété par des apports de toutes les provinces, régions et groupes sociaux, professionnels et religieux.

Il est vrai que Berlin n'est pas, tel Paris pour la France, un facteur prépondérant et novateur en tout pour l'ensemble de l'Allemagne. Mais on ne peut concevoir ce pays sans Berlin.

Le Mouvement national-socialiste n'est pas parti de Berlin. Il a eu son origine à Munich. Il s'est répandu de là, d'abord à la Bavière, puis à l'Allemagne du Sud, et ce n'est que par la suite, après les premières étapes de son développement, qu'il progressa aussi vers l'Allemagne du Nord et donc vers Berlin.

L'histoire du N.S.D.A.P.[1] au nord du Main ne commence qu'après son effondrement de 1923. Mais, dès ce moment, le national-socialisme se voit également adopté en Allemagne du Nord, avec toute la véhémence de la ténacité et de la discipline prussiennes.

---

[1] *Nationalsozialistische Deutsche Arbeiter-Partei* : Parti ouvrier national-socialiste allemand.

Ce livre s'est fixé comme objectif de retracer l'histoire du Mouvement dans la capitale du Reich. Ce faisant, il ne poursuit bien entendu aucun but historique. Les historiens du futur auront à décrire la chronologie objective de son développement sur le plan berlinois. Nous manquons du recul qui donne la lucidité nécessaire pour répartir avec équité les torts et les mérites.

Celui qui écrit ces lignes a lui-même participé, d'une manière déterminante et comme principal responsable, au déroulement des événements. C'est pourquoi il est de parti pris dans tous les sens du mot. Il ne fait qu'épancher, en la transcrivant dans cette description, ce qu'il y eût en son âme de pesante responsabilité durant une lutte de cinq années. Pour ceux qui y ont participé, imposant par leur combat la brillante ascension du Mouvement à Berlin, cela doit être un apaisement et un stimulant, pour ceux qui sont restés à l'écart en doutant et sans coopérer, un avertissement et une obligation morale, et pour ceux qui se sont opposés à notre marche victorieuse, une menace et une déclaration d'hostilité.

Il ne nous est pas encore permis aujourd'hui[2] d'annoncer à son de trompe la conclusion de cette lutte gigantesque par une victoire sur toute la ligne. Puisse ce livre contribuer à maintenir l'espoir et la foi des bataillons en marche du soulèvement national-socialiste, afin que le but, défini dès aujourd'hui en toute netteté et dans toutes ses conséquences, ne soit jamais perdu des yeux et pourtant, malgré tout, finalement atteint !

---

[2] Combat pour Berlin a été publié en 1931, deux ans avant la prise du pouvoir par les nationaux-socialistes et il est dédié par Joseph Goebbels « A la Vieille Garde berlinoise du Parti ».

Chapitre Premier

Arrivée dans la capitale

L'aube de cette matinée de novembre emplit encore le hall vaste et désert de la gare centrale d'Elberfeld. C'est le moment de prendre congé d'une ville qui fut, deux ans durant, le point de départ de durs et sanglants combats pour la Ruhr. Nous y avions établi le premier bastion dans le nord-ouest de l'Allemagne du Mouvement national-socialiste en remontée après 1923. C'était là que se trouvait le centre spirituel du national-socialisme en Allemagne occidentale, et c'est de là que le rayonnement de notre combat passionné pénétra le territoire de la Ruhr.

Quelques amis étaient venus faire leurs adieux. En fait, cette séparation fut plus pénible qu'on ne s'y était attendu : c'est quelque chose que d'être arraché à un entourage qui vous est devenu cher et familier par de nombreux souvenirs de lutte et de succès. C'est là qu'on avait commencé. De là qu'avaient été organisées les premières campagnes de réunions pour les régions de la Ruhr et du Rhin. Là que nous avions créé le premier foyer pour les points d'appui nationaux-socialistes se formant sporadiquement dans toute la province...

Le chef de gare vient de donner le signal du départ. Un geste bref, une ferme poignée de mains. Mon brave Benno, un magnifique chien berger allemand, qui avait partagé avec nous joie et douleur, aboie plaintivement une dernière fois pour prendre congé, et puis le train s'éloigne de la gare avec de longues secousses.

Nous traversons rapidement le pays sur lequel l'aube se lève. Partout, dans ces lieux de fièvre industrieuse, des hautes cheminées d'usines, et des hauts-fourneaux fumant. Que de fois nous avons effectué ce parcours, hier, lorsque nous faisions le soir des incursions dans la Ruhr, pour ouvrir la première brèche dans quelque centre communiste ! Que de fois nous sommes partis à l'attaque ici, nous avons été repoussés avec des pertes sanglantes, nous sommes revenus, nous avons de nouveau été renvoyés chez nous avec des plaies et des bosses, pour conquérir dans une troisième tentative, au cours d'une percée acharnée, une position solide. Essen ! Bochum ! Düsseldorf ! Hagen ! Hattingen ! Ce furent les premiers endroits où nous consolidâmes nos positions. À l'époque, aucune réunion ne pouvait avoir lieu sans se terminer par une lutte sanglante avec les terroristes marxistes. Si l'adversaire avait connu notre faiblesse, il nous aurait probablement réduit à néant, et ce ne fut que grâce à la témérité calculée de quelques rares commandos de S.A.[3] que nous pûmes pénétrer dans ces régions.

Ce faisant, nous aspirions à conquérir une ville tout entière et à la transformer en citadelle du mouvement en progression, pour porter de là, par la suite, la lutte dans le pays environnant.

L'une de ces citadelles était la petite cité industrielle de Hattingen, située entre Bochum et Essen. Une série de conditions favorables y avait créé un terrain excellent pour nous, que nous nous mîmes alors à travailler avec ardeur et ténacité et que nous ensemençâmes du germe de notre jeune idéal. Hattingen est une cité moyenne de la Ruhr, qui vit exclusivement de l'industrie. Les fonderies Henrich, du consortium Henschel, y furent le premier objectif de notre offensive de propagande concentrée. Dans un duel de deux ans avec le marxisme des teintes rosâtre et rouge d'une part, avec l'occupation française, tout au moins dans les premiers temps, d'autre part, nous parvînmes à tenir la ville tout à fait dans nos mains, à rejeter le front marxiste de ses solides positions et à planter fermement la bannière du national-socialisme dans la dure terre westphalienne.

Peu avant mon départ, nous pûmes y jouir de ce triomphe : l'impossibilité pour les marxistes de mener à bonne fin une

---

[3] Section d'Assaut du Parti National-Socialiste fondée par Ernst Röhm.

réunion, malgré l'intervention de puissants groupes extérieurs. L'ennemi ne vint plus à nous, et c'est ainsi que nous allâmes à lui. Le parti social-démocrate ne tenta plus de contenir le national-socialisme. Il nous trouva pourtant disposés à nous expliquer d'homme à homme avec lui.

Évidemment, cela avait été acquis au prix de dures luttes et de sanglantes rencontres. Nous ne les avions ni cherchées, ni provoquées. Nous étions résolus au contraire à faire connaître nos idées de la façon la plus pacifique dans la Ruhr. Mais nous savions par expérience que lorsque la progression d'un nouveau Mouvement est menacée par la terreur de l'adversaire, on ne s'en sort ni par de bonnes paroles, ni par un appel à la solidarité et à la fraternité. Nous tendions une main ouverte à tous ceux qui voulaient être de nos amis. Mais si on nous frappait du poing fermé, nous n'avions plus le choix : il nous fallait briser le poing levé sur nous.

Dans la Ruhr, le Mouvement eut dès le début un caractère prolétarien accentué. Cela tenait à la province elle-même et à sa population. Par toute sa nature et sa disposition, la Ruhr est un pays de labeur. Cependant, le prolétaire de la Ruhr se distingue profondément et d'une manière essentielle d'un quelconque prolétaire moyen. L'élément fondamental de cette couche de population est encore constitué de Westphaliens authentiques, et les mineurs qui descendent dès l'aube dans les galeries sont pour la plupart fils de petits paysans westphaliens de la première ou tout au moins de la seconde génération.

Il existe encore chez cette race d'hommes un enracinement au sol sain et primitif. L'Internationale n'aurait jamais pu prendre pied ici, si les rapports sociaux dans cette province n'avaient pas été si révoltants. Le tort qu'on avait fait à la communauté ouvrière depuis des dizaines d'années avait eu un tel caractère contre-nature et avait été si injuste que les travailleurs furent repoussés irrévocablement vers un front hostile à la nation et aux forces constructrices de l'État.

C'est là que nous entrâmes en action. Sans que nous y ayons consciemment attaché de l'importance, la lutte pour la reprise en main du prolétariat de la Ruhr prit un caractère socialiste marqué. Le socialisme, comme nous le comprenons, est avant tout un sentiment sain de la justice, lié au sens de la responsabilité vis-à-vis de la nation et sans aucune considération des intérêts particuliers.

Comme l'intervention d'une terreur hostile nous avait littéralement contraints à défendre et à faire progresser le Mouvement à coups de poing, notre combat prit dès le début une tournure nettement révolutionnaire. Le caractère révolutionnaire d'un mouvement est, il est vrai, moins déterminé par les méthodes dont il use, que par les buts qu'il cherche à imposer. Mais ici, les buts et les méthodes concordaient.

On en retrouve également trace dans les documents idéologiques du mouvement en Rhénanie et dans la Ruhr. *Les Lettres nationales-socialistes* dans lesquelles on tenta de décanter les tendances socialisantes de notre Mouvement, y furent fondées en 1925. À vrai dire, nous n'étions pas des théoriciens et nous ne voulions pas l'être ; mais nous devions donner à notre lutte des bases idéologiques. Et il nous fut tout particulièrement agréable d'être ainsi poussés à ce travail que nous approfondîmes pour de larges milieux du Mouvement en Allemagne occidentale.

Dans les années 1925-26, on constata la nécessité de regrouper les formes d'organisation du Mouvement, très dispersées en Rhénanie et dans la Ruhr. Le résultat de cette décision fut la création du Gau de la Ruhr, dont Elberfeld était le centre politique. Dans les villes industrielles de l'Ouest, le travail était pour l'essentiel constitué par la propagande. À l'époque, nous n'avions pas encore la possibilité d'intervenir de quelque manière que ce fût dans le cours des choses politiques. La situation politique en Allemagne était si figée et si cristallisée que c'était absolument exclu. De plus, il fallait tenir compte du fait que notre jeune Mouvement se trouvait encore à ses premiers débuts, de sorte qu'une influence sur la grande politique elle-même n'entrait pas du tout en ligne de compte pour lui.

La propagande en soi n'a pas de méthode fondamentale particulière. Elle n'a qu'un but : en politique, ce n'est toujours que la conquête de la masse. Tout moyen servant ce but est bon. Et tout moyen passant à côté de ce but est mauvais. Le théoricien qui élabore dans son bureau une méthode subtile, et est ensuite surpris de ce que cette méthode n'est pas employée par le propagandiste actif, ou qu'elle se révèle inefficace, est un parfait incapable. Les méthodes de la propagande se forgent d'elles-mêmes dans la lutte quotidienne. Personne d'entre nous n'est né propagandiste. L'expérience quotidienne nous a appris les moyens et les possibilités d'une propagande de masse efficace, et nous ne l'avons élevé à la hauteur d'un système que par une pratique constamment renouvelée.

La propagande moderne repose surtout sur la parole et non sur l'écrit. Les mouvements révolutionnaires ne sont pas le fait de grands écrivains, mais de grands orateurs. On suppose à tort que les écrits ont des effets amplifiés du fait qu'ils parviennent à un plus grand public par le canal de la presse quotidienne. Même si l'orateur ne peut atteindre dans la plupart des cas, et au mieux, que quelques milliers de personnes — alors que l'écrivain politique trouve parfois et souvent des dizaines et des centaines de milliers de lecteurs — la parole influence en fait beaucoup plus largement, car elle n'atteint pas seulement celui qui l'écoute immédiatement, elle est répercutée et répétée par lui des centaines et des milliers de fois. Et la suggestion d'un discours plein d'effet l'emporte toujours de très loin sur celle d'un éditorial.

C'est pourquoi, dans le premier stade de la lutte sur le Rhin et dans la Ruhr, nous fûmes presque exclusivement des agitateurs. La propagande de masse était notre arme principale et nous étions d'autant plus contraints de nous en servir que nous manquions pour le moment de toute arme journalistique.

Les premiers succès que nous remportâmes dans la Ruhr ne manquèrent pas de trouver très vite aussi leur contre-coup dans les divisions internes que le Mouvement eût à combattre au même moment dans tout le Reich. À ce moment, peu après son effondrement et malgré la libération d'Adolf Hitler de la forteresse de Landsberg, le Parti se trouvait dans un état désespéré. Dans un élan audacieux, il avait tenté d'escalader les derniers échelons du pouvoir, et était alors tombé de son point culminant dans la plus profonde des dépressions. En 1924, il grouillait d'intrigues personnelles dissolvantes. Partout manquait la main sûre et ferme de celui qui se trouvait derrière les barreaux de Landsberg.

Il y eut évidemment du changement lorsque Adolf Hitler quitta la forteresse à la Noël 1924. Mais ce que de petits esprits bornés avaient brisé en un an, un cerveau fut-il génial ne pouvait le réédifier en si peu de temps. De tous côtés, l'on ne voyait que des décombres ; beaucoup parmi les meilleurs militants avaient tourné le dos au Mouvement et restaient avec résignation à l'écart, découragés et désespérés.

En Rhénanie et dans la Ruhr, le Mouvement avait été dans l'ensemble préservé par le destin de ces querelles intestines. Il se trouvait, dans la mesure où il existait à ce moment-là, sous la pression de l'occupation ennemie. Il était réduit à la défensive pour protéger son existence encore primitive. C'est pourquoi il n'avait que peu de temps pour les débats de fond, qui occupait au-delà de la mesure tolérable le Mouvement dans l'Allemagne non occupée. Aussi longtemps que l'ennemi tint le pays, la structure du Parti fut formée par de tout petits points d'appui, discrètement constitués. Et lorsque les Français se retirèrent, ces points d'appui furent transformés avec la plus grande rapidité en groupes locaux tendant à se développer puissamment, et qui aspiraient à conquérir le terrain qui avait depuis longtemps été pris dans le reste du Reich et sur lequel les militants s'agitaient dans des querelles personnelles et matérielles, le plus souvent très dures et inamicales.

On ne peut s'imaginer la satisfaction joyeuse qui nous emplit tous lorsque nous parvînmes au prix de durs sacrifices, à créer un comité permanent à Elberfeld, procurant ainsi au Mouvement un centre fixe pour toute la région de la Ruhr et la Rhénanie.

Ce centre était en fait encore bien primitif et bien loin d'être à la hauteur des exigences d'une organisation de masse moderne. Mais nous avions enfin un siège central, un point à partir duquel nous pouvions nous lancer à la conquête du pays. Très vite, toute la province fut recouverte d'un réseau administratif très dense ; les toutes premières sections d'assaut naquirent. Des organisateurs circonspects et des orateurs doués prirent en main la direction des groupes locaux ; tout d'un coup, une vie nouvelle jaillissait des ruines.

Comme il me fut pénible d'abandonner ces débuts prometteurs et de déplacer mon activité dans un domaine d'action jusque-là tout à fait inconnu pour moi ! J'avais débuté ici. Je croyais y avoir trouvé définitivement mon centre d'activité. Ce n'est qu'à contre-cœur que j'envisageai d'abandonner cette position pour l'échanger contre un espoir encore vague et incertain d'autres succès.

Je songeai confusément à tout cela pendant que la locomotive traversait le brouillard grisâtre, en sifflant le long des lieux de mes activités passées, et pénétrait en Westphalie. Qu'est-ce qui m'attend à Berlin ? Justement, c'est aujourd'hui le 9 novembre ! Un jour décisif pour l'Allemagne, tout comme pour notre propre mouvement ! Il y a trois ans, les fusils-mitrailleurs crépitaient sur la Feldherrnhalle à Munich et les colonnes en marche de la jeune Allemagne étaient mitraillées par la Réaction. Faut-il que cela soit la fin ? N'y a-t-il pas plutôt, dans nos propres forces et dans notre volonté l'espoir et la garantie que l'Allemagne ressuscitera encore une fois et montrera bientôt un nouveau visage politique ?

Ce soir de novembre pèse déjà lourdement dans sa grisaille sur Berlin, lorsque le train pénètre en haletant dans la Potsdamer Bahnhof. Deux heures à peine se sont écoulées, voilà que je prends place pour la première fois sur ce podium qui devait être si souvent encore par la suite le point de départ de notre croissante politique ultérieure. Je parle devant le Parti berlinois.

Une gazette juive, qui se vit contrainte les années suivantes de me citer si souvent avec blâme, mentionne, unique organe de la capitale du Reich à le faire, ce discours de débutant :

« Un certain Monsieur Goebbels, dont on dit qu'il vient de la Ruhr, s'y est produit et a débité les slogans traditionnels. »

Le Mouvement berlinois, dont je devais maintenant prendre la direction, se trouvait alors dans un état peu réjouissant. Comme le Parti tout entier, il était passé par une période de confusion et d'erreur. À Berlin, cette crise avait eu des suites particulièrement désastreuses. Des querelles de personnes avaient ébranlé profondément la structure de l'organisation, dans la mesure où l'on pouvait parler de celle-ci. Il paraissait momentanément impossible d'imposer une autorité et une ferme discipline. Deux groupes s'opposaient dans une hostilité acharnée, et l'expérience avait montré qu'il était exclu d'imposer l'un à l'autre. La direction du Parti avait longuement hésité à intervenir dans cette confusion. On considérait à juste titre que s'il devait être mis fin à cette situation, il fallait établir un nouvel ordre de choses à Berlin de telle façon qu'il garantisse au moins pour un temps donné une certaine stabilité au Parti. Mais, à l'intérieur de l'organisation berlinoise, n'apparaissait aucune personnalité de chef capable d'avoir la force de restaurer la discipline perdue et de rétablir une nouvelle autorité. On me chargea finalement d'aller à Berlin pendant un certain temps pour redonner au Parti au moins les possibilités de travail les plus élémentaires.

Cette idée, émise pour la première fois au Congrès du Parti, à Weimar, en 1926, fut reprise ultérieurement et prit finalement corps au cours de vacances communes avec Adolf Hitler et Gregor Strasser à Berchtesgaden. J'allai plusieurs fois à Berlin et je profitai de ces visites pour étudier la situation de l'organisation berlinoise, jusqu'à ce que je me résolve enfin à accepter cette tâche ingrate et difficile. À Berlin, comme partout quand une organisation passe par une crise, des intrigants qui croyaient leur heure arrivée, surgissaient un peu dans tous les coins. Chacun rassemblait autour de lui une clique ou une suite, avec laquelle il essayait de gagner de l'influence, ou, s'il s'agissait d'éléments félons, s'efforçait d'ajouter encore à la confusion. Il était en somme impossible d'examiner calmement et avec objectivité la situation du Parti et de parvenir à des résolutions définitives. Si on incluait les divers groupes et groupuscules dans les discussions, on se voyait alors entourer et encercler par toutes les coteries et on ne s'y retrouvait plus à la fin.

J'avais longtemps hésité avant de savoir si j'allais prendre ce poste ingrat ; jusqu'à ce que, finalement, le but et le principe me déterminèrent à attaquer courageusement cette tâche, dont je savais de prime abord, qu'elle me rapporterait plus de soucis, d'ennuis et d'amertume que de joie, de succès et de satisfaction.

La crise, qui menaçait d'ébranler le Mouvement berlinois, était essentiellement de nature personnelle. Il ne s'agissait pas là de divergences sur le programme ou l'organisation. Chacun des deux groupes qui se combattait l'un l'autre, voulait placer son homme à la tête du mouvement. Aucun des deux ne pouvant y parvenir, selon toutes apparences, sans sérieux dommages pour le Parti, il ne restait donc plus rien d'autre à faire que d'y placer un troisième.

Est-il surprenant qu'en tant que nouveau venu, même pas originaire de Berlin, et ne connaissant à l'époque que très superficiellement le caractère de cette ville et de sa population, je me sois vu exposé dès le début à de multiples hostilités personnelles et politiques ? Mon autorité, qui n'était à l'époque étayée sur aucune réalisation, ne pouvait être nulle part mise en jeu dans les décisions importantes. Pour le moment, il s'agissait surtout de donner d'abord un fondement à cette autorité.

Évidemment, il n'y avait pour l'instant encore aucune possibilité de mener le Parti à des réalisations politiques concrètes. Car ce qu'on appelait alors *« Parti »* à Berlin, ne méritait ce titre en aucune manière. C'était un ensemble extrêmement disparate de quelques centaines de personnes dont chacune s'était forgé son idée du national-socialisme ; et cette idée, dans la plupart des cas, n'avait pas grand-chose à voir avec ce que l'on comprend communément par national-socialisme. Entre les différents groupes, les bagarres étaient à l'ordre du jour. Par chance, le public ne s'y intéressait pas, car le Mouvement avait des effectifs si insignifiants que la presse, qui ne laisse habituellement rien passer chez nous sans le signaler, traitait ces incidents par le mépris.

Il n'était pas non plus question de manœuvrer. Mis à part le problème des effectifs, on ne pouvait faire intervenir le Parti dans la lutte politique, car il fallait le ménager. Il était nécessaire auparavant de l'unifier, de lui insuffler une volonté commune et de l'animer d'une nouvelle et chaleureuse impulsion. Il fallait renforcer ses effectifs et briser les limites étroites de la secte politique, enfoncer dans la tête de l'opinion publique son nom et ses buts, et imposer envers le Mouvement, sinon la sympathie et l'attention, du moins la haine et l'opposition passionnelle.

Le travail commença par ma tentative de réunir pour au moins une manifestation commune les éléments épars de l'organisation. Quelques jours après que j'eus pris le contrôle de la direction berlinoise, nous tînmes à Spandau, où nous avions à ce moment le plus ferme point d'appui du Mouvement, notre première assemblée générale des adhérents. Cette réunion fournit alors l'image la plus triste de l'état de fait qui s'était institué au cours de la crise dans le Mouvement berlinois. Les adhérents, qui n'occupaient la salle qu'avec parcimonie, se divisèrent en deux. Une partie était pour, l'autre contre. Et comme l'on s'était entre-déchiré et que l'on avait donné libre cours à sa fureur entre soi et contre soi, l'opposition générale se tourna contre moi-même et contre le nouveau cours que je proposai, dont les intrigants semblaient se douter confusément qu'il mettrait bien sûr fin au plus vite à toute cette indiscipline.

Je lançai ce mot d'ordre : on tire un trait sur le passé et l'on repart à zéro ! Celui qui n'est pas disposé à obéir à ce mot d'ordre sera exclu sans cérémonie du Mouvement.

Nous perdîmes par là, tout de suite, un cinquième des effectifs totaux du Parti à Berlin. Mais j'avais la ferme conviction que l'organisation, si elle était refondue en un bloc et ne comportait plus aucun de ces éléments autonomes qui mettaient son existence en danger, promettait plus de succès à la longue par son homogénéité, même au point de vue des seuls effectifs, qu'une organisation plus importante qui était perpétuellement menacée par les activités scissionnistes d'une poignée d'éléments anarchiques professionnels.

Beaucoup de mes meilleurs camarades du Parti ne voulaient alors pas le comprendre. Ils croyaient ne pas devoir renoncer à cette poignée d'adhérents qui tournèrent à ce moment le dos au Parti et le menacèrent d'une inimitié mortelle. Les événements ultérieurs montrèrent que le mouvement lui-même, dès qu'il fut confronté à l'ennemi, surmonta de telles crises sans danger, et que ce que nous perdîmes à l'époque en nombre, fut rattrapé dix et cent et mille fois plus par une organisation de combat saine et affermie sur elle-même.

Dès cette époque, le Mouvement berlinois possédait un siège permanent. Celui-ci évidemment était extrêmement modeste. Il occupait une sorte de cave lépreuse dans une arrière-cour de la Potsdamer Strasse. Y demeurait un *« administrateur »* si l'on peut dire, muni d'un livre de caisse, dans lequel il enregistrait du mieux possible les entrées et sorties d'argent quotidiennes. Des piles de papier et de journaux s'entassaient dans tous les coins. Dans l'entrée, stationnaient des groupes animés de chômeurs, membres du Parti, qui passaient leur temps en fumant et en confectionnant des slogans dignes des toilettes publiques.

Nous nommions ce bureau *« la fumerie d'opium »*, et en effet, ce qualificatif semblait parfaitement approprié. La lumière du jour ne l'atteignait pas. Dès qu'on ouvrait la porte, l'air vicié, l'odeur de la fumée des cigares, des cigarettes et des pipes vous saisissait à la gorge. De toute façon, un travail consciencieux et systématique n'était pas du tout concevable ici. Un désordre incurable en constituait la dominante. Il y était à peine question d'organisation. Les finances se trouvaient dans un triste état. Le Gau de Berlin ne possédait rien, hormis des dettes.

L'administration d'un parti ne doit jamais se contenter de la bonne volonté de ses permanents. La bonne volonté doit être la condition préalable automatique de l'activité partisane professionnelle, et il n'est donc pas particulièrement nécessaire de la réclamer. En plus du bon vouloir, il faut cependant quelque chose d'autre, et cela semblait manquer complètement à la

« *fumerie d'opium* » : la volonté sérieuse et la capacité d'accomplir une tâche.

Un des objectifs les plus importants de l'organisation était en premier lieu d'assainir les finances du Parti et de lui fournir les moyens avec lesquels il pourrait au moins entreprendre un travail régulier. Nous autres, nationaux-socialistes, nous pensons qu'un parti de lutte révolutionnaire qui s'est fixé pour but de détruire le capitalisme international ne peut ni ne doit au grand jamais recevoir de ce même capitalisme les fonds nécessaires à son existence. C'est pourquoi nous savions d'emblée que le jeune Mouvement de Berlin que j'avais maintenant l'honneur de diriger, devait trouver en lui-même les moyens de son relèvement. S'il ne détenait pas la force et la volonté requises, c'est qu'il était alors indigne d'exister, et la peine, le temps et le travail consacrés à une tâche en laquelle nous ne pouvions avoir confiance, nous paraissaient ainsi perdus.

On n'a pas besoin de souligner que l'administration d'un Mouvement politique doit travailler le plus économiquement possible. Mais il y a certaines conditions qu'il faut quand même respecter dans une organisation consciente du but à atteindre ; et mon premier travail fut de procurer les fonds nécessaires pour les assurer.

Je fis appel à l'esprit de sacrifice des membres du Parti eux-mêmes. Au Busstag de 1926, 600 militants se réunirent à Wilmersdorf, au Jardin Viktoria, dans une salle qui devait par la suite être souvent encore le théâtre de nos triomphes de propagande, et je leur représentai, dans un long discours, la nécessité où était l'organisation berlinoise d'avoir une solide base financière. Le résultat de cette réunion fut que les adhérents s'engagèrent à verser mensuellement 1500 marks, avec lesquels nous pûmes donner un nouveau siège au mouvement, engager le personnel administratif minimum, et commencer la lutte pour la capitale du Reich.

Jusque-là, que ce soit sous l'angle politique ou sous celui de sa mentalité, la ville de Berlin avait été pour moi terre inconnue.

Je ne la connaissais que par des visites occasionnelles. Elle m'était apparue alors comme une énigme ténébreuse et mystérieuse, comme un monstre urbain de pierre et d'asphalte, que je quittais plus volontiers que je n'y pénétrais.

On ne connaît Berlin que si l'on y vit quelques années. Ce n'est qu'alors qu'on peut comprendre le côté ténébreux et mystérieux de cette ville énigmatique. Berlin est une ville d'une agilité spirituelle sans égale. Elle est animée et énergique, laborieuse et courageuse ; elle a moins de cœur que de raison et plus d'esprit que d'humour. Le Berlinois est industrieux et actif. Il aime le travail et il aime le plaisir. Il peut se consacrer avec toute la passion de son âme mobile à une affaire, et nulle part le fanatisme acharné, surtout en matière politique, n'est plus chez lui qu'à Berlin. Cette ville a évidemment aussi ses dangers. Chaque jour, les rotatives des journaux crachent le poison cosmopolite à des millions d'exemplaires dans la capitale du Reich. Berlin est tirée dans tous les sens par des centaines de forces mystérieuses, et il est difficile d'acquérir un point d'appui solide dans cette ville, et d'y affirmer une position intellectuelle assurée.

L'asphalte constitue le terrain sur lequel Berlin croît et s'agrandit à un rythme démesuré. La ville ne se nourrit pas sur ses propres réserves, ni matérielles, ni spirituelles. Elle vit de la glèbe provinciale : mais elle sait rendre sous des formes attirantes ce que la province lui fournit de bon cœur. Tout mouvement politique y a un caractère fondamentalement différent de celui qu'il aurait en province. Depuis des décennies, au nom de la politique allemande, on s'est livré à Berlin des batailles sanglantes, ce qui rend le militant politique d'ici plus dur et plus excessif qu'ailleurs. À Berlin celui qui ne sait pas jouer des coudes est vite étouffé !

Berlin a besoin de sensation comme le poisson d'eau. La ville en vit, et toute propagande politique qui ne l'aurait pas compris manquerait son but.

Toutes les crises des partis allemands ont leur origine à Berlin ; et c'est aussi explicable. Berlin juge la politique par la raison, non avec le cœur. Mais la raison est soumise à mille tentations, tandis que le cœur bat toujours de son même rythme.

Nous n'avons appris à tenir compte de tout cela que très tard et après bien des expériences amères. Mais nous y avons adapté alors tout notre travail.

Nous venions donc de mettre à grand peine les finances du Mouvement en ordre et nous pouvions maintenant entreprendre de reconstituer l'organisation décrépite. Une circonstance favorable fut que nous n'eûmes pour le moment aucune résistance extérieure à affronter. On ne nous connaissait pratiquement pas ou bien on ne nous prenait pas au sérieux. Le nom du Parti sommeillait encore dans l'anonymat et aucun de nous non plus n'était jusqu'ici parvenu à faire connaître son propre nom à un secteur plus large de l'opinion. C'était aussi bien ainsi. Car nous y gagnâmes le temps et la possibilité de mettre le mouvement sur une base assainie de façon que, le combat devenu inévitablement nécessaire, il fut prêt à affronter tous les assauts et toutes les hostilités.

La S.A. berlinoise existait déjà à ce moment, avec une force appréciable. C'est du Frontbann qu'elle tenait sa glorieuse tradition de combat. Le Frontbann était le véritable noyau du Parti national-socialiste à Berlin avant l'année 1926. Cette tradition était évidemment plus faite de réactions sentimentales que de faits concrets. L'homme de la S.A., dans la mesure où il participa au Frontbann, était un soldat. Son caractère politique était encore inexistant. Ce fut une des tâches les plus difficiles des premières semaines que de transformer le S.A. en un soldat politique. Cette besogne fut facilitée il est vrai par la stricte discipline avec laquelle la Vieille Garde du Parti, là où elle était incorporée à la S.A., insufflait et imposait le nouveau cours au mouvement berlinois.

L'homme de la S.A. veut combattre, et il a le droit d'être mené au combat. Son existence ne trouve sa justification que dans la lutte. La S.A. sans tendance combattive est absurde et inutile. Lorsque le S.A. berlinois eût compris que nous ne connaissions pas d'autre but que de combattre avec lui pour le mouvement et que notre objectif était la capitale du Reich, il accepta sans condition nos mots d'ordre, et c'est à lui principalement que l'on doit la nouvelle impulsion surgit si vite du désordre chaotique du mouvement et les conquêtes successives que le Parti, dans une marche triomphale, put remporter sur ses ennemis.

À cette époque, nous eûmes beaucoup plus de difficultés avec l'organisation politique. Elle n'avait que peu de tradition, et dans la plupart des sections, la direction était faible, prête aux compromis, sans moral, et sans détermination. Il nous fallut passer plusieurs soirées à rouler d'une permanence de section à une autre pour constituer une armature solide à partir de groupuscules récalcitrants. Il arriva, aussi, parfois, qu'on tombât sur des petits groupes dont la conduite rappelait plutôt celle d'une association patriotique de joueurs de boules que celle d'un mouvement de combat révolutionnaire. Il fallait alors intervenir brutalement. Une sorte de démocratie parlementaire s'était formée dans l'organisation politique et l'on croyait pouvoir faire de la nouvelle direction le jouet impuissant des votes émis par les diverses coteries.

Il y fut mis immédiatement fin. Nous y perdîmes, il est vrai, à nouveau une série d'éléments inutilisables qui s'étaient cristallisés dans le Parti. Mais au fond, ils n'avaient rien à voir avec nous.

Notre chance fut que le marxisme et la presse juive ne nous prirent pas au sérieux dans cette période. Si, par exemple, le K.P.D. [4] de Berlin s'était seulement douté de ce que nous étions et de ce que nous voulions, il aurait impitoyablement et violemment étouffé dans le sang les prémisses de notre activité. On a dû par la suite regretter souvent et amèrement, chez nos adversaires, de ne pas du tout nous avoir connus, ou bien, là où l'on nous connaissait, de n'avoir que souri de nous. Car nous nous limitions pour le moment à consolider le Parti lui-même et notre travail était dirigé plus vers l'intérieur que vers l'extérieur, ce qui ne nous paraissait en aucune manière un but

---

[4] *Kommunistische Partei Deutschlands* : Parti communiste allemand.

en soi, mais un moyen d'arriver au but. Pour nous, le Parti n'était pas un joyau que nous voulions enfermer dans un coffre en argent ; c'était plutôt un diamant que nous faisions tailler afin de nous en servir impitoyablement plus tard pour le découpage du front ennemi.

Beaucoup des explosifs entreposés au sein du Mouvement berlinois avaient déjà été désamorcés lorsque peu après nous convoquâmes les cadres de toute l'organisation à un premier congrès du Gau. Les problèmes de personnes y furent définitivement liquidés et on lança ce mot d'ordre pour tout le Parti : nous repartons à zéro !

À Berlin, les crises internes du Parti ne peuvent jamais être évitées à la longue. La seule question est de savoir si les crises ébranleront à la fin l'armature du Parti ou bien si elles seront surmontées par l'organisation. Le Mouvement berlinois est passé par de nombreuses crises de personnes, d'organisation et de doctrine. La plupart du temps, elles ne lui ont pas porté préjudice, mais souvent beaucoup servi. Nous obtenions ainsi la possibilité d'exclure de l'organisation des sujets et des éléments vieillots et inutilisables et de rétablir la santé menacée du Parti par un traitement radical.

Ce fut ce qui se produisit dès la première fois. Après que le Parti eût surmonté la crise, il fut nettoyé de tous les germes de maladie et put alors aborder sa tâche avec courage et énergie.

Et la première terreur débuta. Nous étions encore à ce moment plus combattu par nos adversaires des autres partis politiques que par la police et l'administration. Il ne se passait pas de soir sans que nos militants, rentrant chez eux, ne fussent attaqués par la racaille rouge et certains grièvement blessés. Mais l'organisation avait déjà une telle cohésion que le sang versé cimentait davantage notre union qu'il ne nous dispersait dans la crainte et l'angoisse. Nous ne pouvions pas encore tenir de grandes réunions d'affrontement parce que l'organisation n'avait pas la force intérieure nécessaire. Il nous fallait nous contenter de rassembler les membres du Parti, avec les sympathisants et les compagnons de route, dans de petites salles, semaine après semaine, et de traiter dans nos discours, moins de questions actuelles, que d'expliquer les bases doctrinales de notre conception des choses et de les marteler dans les têtes des militants au point qu'ils pouvaient en quelque sorte les réciter en rêve. C'est ainsi que le premier noyau se concentra en une solide armature. L'organisation avait un point d'appui et l'idéal fut enraciné par une campagne d'explication inlassable. Chacun savait ce qui était en jeu, le but était désigné, et toute notre force pouvait maintenant y être consacrée.

Déjà, en cette période, il y avait quantité de gens qui, autour de leur tapis vert, critiquaient toutes les décisions et qui savaient toujours tout en théorie mieux que ce que nous faisions en pratique. Nous ne nous en préoccupions pas beaucoup. Nous pensions que nos résultats les contraindraient à la fin à se taire. Nous ne pouvions rien entreprendre sans que, chez eux ce ne fût critiqué et intégralement condamné. Mais les mêmes qui, avant chaque décision, savaient toujours tout, mieux que ceux qui devaient décider sous leur propre responsabilité, étaient aussi ceux qui, une fois le succès obtenu, prétendaient l'avoir toujours prédit et agissaient finalement comme s'ils avaient vraiment été à la base de la réussite. Ils n'hésitaient pas alors à réclamer pour eux le mérite de l'opération.

Pendant que les *criticailleurs* exerçaient plume et langue à nos dépens, nous avons durement travaillé et, plus d'une fois, œuvré tard dans la nuit. Nous n'avons ménagé aucune peine et aucun fardeau. En luttant avec acharnement, nous avons érigé une autorité solide dans une organisation qui se trouvait au bord de l'anarchie. Sans nous soucier trop des qu'en dira-t-on, nous avons brandi la bannière de l'idéal et mis en marche des êtres fanatiques et prêts à se battre inconditionnellement.

Je me souviens encore aujourd'hui, avec une profonde émotion, d'un soir où, parfaitement inconnu, assis sur l'impériale d'un autobus avec quelques camarades du début de la lutte, je roulai à travers Berlin vers une réunion. Sur les rues et les places, le grouillement de fourmilière de la grande ville. Des milliers et des milliers de gens allant et venant, s'agitant sans but ni cause. Le reflet lumineux flamboyant de la grande ville reposant sur tout cela. À ce moment, quelqu'un demanda anxieusement s'il serait jamais possible d'imposer et de marteler à cette ville, bon gré mal gré, le nom du Parti et nos propres noms. Plus tôt encore que nous ne pouvions le croire et l'espérer en ces heures, cette question craintive a reçu une réponse catégorique des faits eux-mêmes.

Chapitre II

Le mouvement à Berlin

Le Mouvement à Berlin était maintenant sur pied. L'organisation se trouvait dans un état satisfaisant, malgré, pour le moment, l'extrême faiblesse des effectifs. La situation financière était de plus en plus saine. Le Parti possédait des cadres de valeur dans ses divers éléments d'organisation et était ainsi en mesure de commencer la lutte à l'extérieur, même si ce n'était d'abord que sous des formes discrètes.

D'emblée, il fut clair qu'un nouveau siège central était indispensable au Parti. Les bureaux, où il était domicilié jusqu'ici, s'avéraient insuffisants, et par trop modestes. Un travail régulier et systématique y était tout à fait impossible. Nous nous mîmes donc rapidement en quête de nouveaux locaux mieux appropriés. Mais ces premières démarches entreprises par la jeune organisation, se heurtèrent alors au sein même du Parti, à de nombreuses critiques. Dans toute organisation, il y aura toujours et en tous temps de ces petits esprits ; ils ne veulent ni ne peuvent comprendre qu'il faut dans une situation nouvelle d'autres moyens et méthodes, et que, quand un Parti émerge à peine des débuts les plus minces et les plus modestes, la simplicité de son organisation ne peut être un but en soi, mais seulement un moyen d'arriver au but. Un Parti sera jugé uniquement selon la manière dont il se présente. Le public n'a, le plus souvent, aucune autre possibilité de constater son esprit intérieur, sa cohésion, l'activité de ses partisans et de sa direction. C'est pourquoi le Parti doit nécessairement s'en tenir à ce qui est visible à tous.

Le Mouvement national-socialiste devait lui aussi se conformer à cette loi, d'autant qu'il n'était pas, lui, intervenu dans la politique pour prendre sa part des prébendes parlementaires et des fauteuils ministériels, mais bien pour conquérir le Reich et la puissance dans leur totalité. S'il était possédé de cette ambition téméraire, sa lutte pour le pouvoir devait alors revêtir une forme qui permettrait au profane aussi de croire que finalement le Parti atteindrait réellement ses buts.

Les dernières semaines de l'année 1926 furent entièrement consacrées au travail de relèvement intérieur du Parti. Il y avait beaucoup et suffisamment à faire partout. Ici, il fallait réconforter un militant timoré à qui la nouvelle tendance dynamique du Parti avait coupé le souffle. Là, il fallait remettre à leur place d'impertinents critiques. Ailleurs, il importait de remplacer les responsables incapables d'une section. Les symptômes néfastes de la crise, tout juste surmontée, se répercutaient encore d'une manière désastreuse dans tout le corps du Parti.

Nous avions dit qu'un trait devait être tiré sur le passé et qu'on repartait à zéro. Nous ne pouvions donc rien faire de mieux que passer simplement sous silence tous les différends intérieurs qui avaient occupé de nombreux mois du passé le plus récent et donner une nouvelle besogne aux militants. Évidemment, nous rencontrions ce faisant des critiques multiples et pas mal d'hostilité, et ce à l'intérieur même de la direction politique. Les membres du Parti avaient tellement pris à cœur les querelles personnelles, qu'ils s'imaginaient devoir les vider jusqu'au bout, sans penser davantage à l'organisation elle-même. Au contraire, la direction estimait qu'il fallait considérer cette crise comme liquidée et qu'il y avait mieux à faire que de se livrer à ces luttes de personnes qui ne pouvaient mener à rien d'autre que d'écarter de l'organisation et disperser peu à peu les meilleurs et les plus désintéressés des militants.

En octobre 1926, Adolf Hitler m'avait envoyé à Berlin avec des pouvoirs spéciaux, et j'étais moi-même résolu à employer ces pleins pouvoirs sans ménagement. L'organisation berlinoise avait été privée si longtemps d'une direction ferme qu'elle s'était déjà tout à fait habituée à l'indiscipline régnante ; maintenant, toute intervention tranchante et intransigeante était ressentie comme importune et prétentieuse. Je n'aurais peut-être pas eu toute la force et la persévérance nécessaires, si je n'avais été assuré, dès le départ, de bénéficier de l'absolue confiance de la direction suprême du Parti et d'Adolf Hitler et de recueillir, pour toutes mes décisions, leur approbation sans réserve. On a, déjà à l'époque et très souvent par la suite, laissé courir le bruit d'un différend personnel et politique entre Adolf Hitler et moi. Il n'en a jamais été question, pas plus alors qu'aujourd'hui. Je n'ai jamais fait de politique de ma propre initiative et je ne m'y risquerais ni même ne le tenterais aujourd'hui en aucun cas. Ce n'est pas seulement la discipline de Parti, dont je suis convaincu qu'elle seule nous procure la force et la résolution d'accomplir quelque chose de grand, qui m'y disposait et m'y dispose ; je me sens, de plus, si profondément lié au chef du Mouvement depuis le jour où j'eus le grand bonheur de le connaître personnellement et — je peux bien le dire — d'apprendre à l'estimer et à l'aimer, qu'il ne sera jamais question pour moi d'entreprendre quoi que ce soit sans son accord, et moins encore contre sa volonté. C'est la grande chance du Mouvement national-socialiste que se soit constituée en lui une autorité suprême, ferme et inébranlable, incarnée en la personne d'Adolf Hitler. Cela assure au Parti dans toutes ses décisions politiques, parfois très graves, un soutien sûr et une forte cohésion. A l'intérieur de la communauté nationale-socialiste, la foi dans le Führer est imprégnée — pourrait-on dire — d'une mystérieuse et énigmatique mystique. En dehors de la valeur purement psychologique que représente un tel fait, il donne au Parti lui-même une force et une sûreté politique si formidables qu'il se dresse ainsi effectivement très au-dessus de tous les groupements et associations politiques.

Mais Adolf Hitler ne passe pas seulement dans le Parti pour son premier et suprême Führer, il l'est aussi en réalité. Le national-socialisme sans lui ou même contre lui est tout à fait impensable. Lui-même a justement rappelé qu'en 1919, chacun avait la possibilité de se déclarer contre le régime en place et d'organiser un Mouvement pour renverser le système capitulard. Qu'il se soit senti seul appelé à cette mission et qu'il ait également commencé à la remplir aux yeux de tous, c'est la preuve incontestable que le destin l'a choisi pour cela. Seuls des cerveaux débiles et des mutins professionnels peuvent prétendre le contraire et agir en conséquence. Je n'ai jamais envisagé une telle attitude. Et comme la destinée me réserva encore la chance d'avoir en Adolf Hitler non seulement un chef politique, mais encore un ami personnel, ma voie était d'emblée toute tracée ; aujourd'hui, je peux constater avec une profonde satisfaction que je ne m'en suis jamais ni nulle part écarté. Adolf Hitler est entré dans la politique en caporal inconnu. Il n'a pas reçu son nom en cadeau à sa naissance. Au cours d'années de luttes dures et ingrates, il a imposé son nom contre les puissances de la pègre. Par expérience personnelle, il avait la plus profonde et la plus large compréhension pour les affrontements politiques qui allaient maintenant se dérouler à Berlin avec une logique impérieuse. Il a été l'un des rares qui conservèrent toujours la tête froide et le contrôle de leurs nerfs durant les crises ultérieures, pendant la lutte pour la capitale du Reich. Quand la racaille journalistique hurlait contre nous, quand le Mouvement était en butte aux interdictions et à la répression, quand les calomnies et les mensonges s'abattaient sur lui, quand les camarades du Parti même les plus coriaces et les plus fermes furent parfois intimidés et découragés, il resta partout et toujours fidèle à nos côtés ; il fut notre chef dans les litiges, défendit notre cause avec passion, même si elle était attaquée dans notre propre Parti ; il avait toujours pour le front combattant des paroles de réconfort dans le danger et d'approbation dans le succès. Ce front combattant qui, progressant malgré les plus pénibles privations et les plus humbles origines, s'ébranlait contre l'ennemi marxiste.

Plus notre avance irrésistible s'imposait à l'opinion, plus je me trouvais aussi tiré de l'ombre de l'anonymat et placé personnellement sous le projecteur de l'attention publique. Le Mouvement national-socialiste représente le principe de la personnalité sous sa forme la plus extrême. Il n'adore pas aveuglément, comme les partis démocratico-marxistes, la masse et le nombre. La masse n'est pour nous qu'un matériau informe. Ce n'est que par la main de l'artiste que de la masse naît un peuple et du peuple une nation.

Les hommes font l'histoire ! C'est notre inébranlable conviction. Depuis Bismarck, le peuple allemand a manqué d'hommes ; et c'est pourquoi il n'y a plus de grande politique allemande depuis la disparition du Chancelier de Fer. Le peuple pressent tout cela sourdement, obscurément. C'est précisément dans la période qui suivit 1918 que la pensée des masses s'emplit de plus en plus de l'aspiration à de fortes personnalités de chefs. Si la démocratie nourrit auprès des masses l'illusion que le peuple souverain veut se gouverner lui-même, c'est que celles-ci n'ont pu le croire elles-mêmes que pendant le court espace de temps où l'Allemagne sombra dans la folie de l'égalitarisme, parce que les hommes qui la gouvernaient réellement n'étaient pas les représentants idéaux du grand art de la politique. Le peuple ne veut se gouverner lui-même que si le système au pouvoir est malade et corrompu. Le peuple n'éprouve ni le besoin d'un certain droit de vote, ni celui d'une constitution soi-disant démocratique aussi longtemps qu'il est pénétré de la conviction que ses dirigeants poursuivent une bonne et honnête politique. Le peuple ne désire qu'être gouverné honnêtement ; un système qui de toute évidence n'a ni la volonté, ni la capacité de le faire, tente de donner aux masses crédules le goût des idéologies séductrices de la démocratie, pour assoupir et anesthésier le mécontentement grandissant des villes et des campagnes.

Le Mouvement national-socialiste a pris le risque d'engager le combat contre ces illusions hypocrites en un temps où cela était impopulaire et rendait impopulaire. Nous avons opposé le principe de la personnalité à l'adoration aveugle et irresponsable de la masse. Que peu à peu, des caractères forts et opiniâtres, chaque jour davantage représentatifs de la pensée du Mouvement tout entier, soient apparus au sein du Parti ne fût qu'une suite logique de cette conception.

Cela n'a rien à voir avec la personnalité. Dans la presse adverse, on nous a souvent reproché d'honorer un byzantinisme, plus rebutant que celui en vogue avant la guerre, sous Guillaume II. Ce reproche est totalement injustifié. Il provient de l'impuissance de nos adversaires à établir des autorités équivalentes dans le marais parlementaire, et à conférer aux masses une croyance similaire en ces autorités.

Une popularité créée artificiellement par la presse, ne dure le plus souvent que peu de temps ; le peuple ne la supporte et ne la tolère que malgré lui et à contre-cœur. Qu'une célébrité démocratique soit élevée artificiellement par la presse à une certaine popularité, ou qu'un véritable chef populaire, en combattant et en se sacrifiant avec une abnégation totale, s'acquière la confiance et l'adhésion inconditionnelle de masses, voilà deux choses bien différentes.

Ce serait user son autorité que de vouloir la faire peser dans la balance à chaque fois qu'une décision doit être prise. Moins une autorité est mise en jeu, plus elle dure. Le chef populaire intelligent et circonspect ne s'en couvrira que très rarement. Au contraire, il s'efforcera le plus souvent de motiver et de justifier logiquement devant les masses ce qu'il entreprend ou non, et ce n'est que lorsque tous les arguments s'avèrent sans effet ou lorsque certaines circonstances contraignent, au moins momentanément, à passer sous silence les objections les plus importantes et les plus convaincantes, qu'il impose sa décision, en faisant alors appel à son autorité.

L'Organisation du Parti à Berlin poussait à l'action à une époque où le Mouvement n'était ni assez capable, ni assez fort pour cela. Nous nous y sommes opposés de toute notre force, même au prix d'une impopularité temporaire. Les militants s'étaient imaginés que l'entrée en fonction d'une nouvelle direction signifierait le début du combat sur toute la ligne. On ne pouvait pas encore concevoir qu'il fallait auparavant remplir certaines conditions si on ne voulait pas voir ce combat très vite interrompu parce qu'impossible.

Il n'était pas question de se présenter devant l'opinion avec une organisation ne faisant pas le poids. Il fallait d'abord la consolider organiquement, alors seulement nous pourrions entreprendre la conquête de l'opinion publique berlinoise.

Toute organisation tient et tombe avec sa direction. Trouve-t-on dans une ville ou une province quelconque un chef valable, capable et prudent qui prenne activement en main le mouvement, alors le Parti progresse très vite, même dans les pires conditions. Mais si ce n'est pas le cas, alors même les circonstances les plus favorables ne pourront lui donner une impulsion particulière. C'est pourquoi nous voulions tout d'abord placer à la tête de l'organisation berlinoise des cadres intermédiaires, bien préparés et capables d'initiative, et là où il n'en existait pas, les former à leurs tâches en se servant du matériel humain disponible.

Dans les premiers temps, nos congrès à l'échelon du Gau, ayant lieu chaque mois un dimanche après-midi, avec une participation toujours croissante, servirent ce dessein. La totalité des cadres de l'organisation nationale-socialiste se retrouvait à ces assemblées. Les principes généraux de notre Mouvement y étaient expliqués dans des conférences doctrinales ; la substance de la propagande, de l'organisation, de la tactique politique, y était commentée et présentée sous toutes ses faces dans des joutes oratoires. Ces congrès de Gau furent d'une importance capitale pour tout le Mouvement. On y indiquait la voie à suivre et les fruits de ce laborieux travail de formation devaient bien vite mûrir dans le combat politique vers l'extérieur. Il fallait que le caractère du Parti à Berlin fût différent de celui de n'importe quelle grande ville ou de celui des campagnes. Berlin compte quatre millions et demi d'habitants. Ce redoutable monstre d'asphalte est infiniment difficile à réveiller et les moyens utilisés pour y arriver doivent être proportionnels au gigantisme de la cité. Quand on en appelle à des millions d'êtres, cela ne peut se faire qu'en se servant d'un langage qui sera également compris par des millions de gens.

Il n'était absolument pas question pour le Mouvement d'une propagande dans le vieux style bourgeois. Nous nous serions ridiculisés et le Parti ne se serait jamais sorti des limites du groupuscule. Jusqu'à sa réorganisation, l'opinion ne nous avait jamais considérés qu'avec une certaine compassion. On nous tenait pour des maniaques inoffensifs, qu'il vaut mieux laisser subsister sans leur faire de peine. Rien de plus difficile à supporter. Qu'on nous insulte et qu'on nous calomnie, qu'on nous écrase dans le sang, et qu'on nous jette en prison ; cela nous paraissait particulièrement enviable. Mais qu'on nous considérât avec une indifférence exaspérante, et qu'au mieux on n'eût pour nous qu'un sourire compassé, voilà qui stimulait nos dernières forces, qui nous incitait à imaginer sans cesse de nouveaux procédés de propagande publique, à ne pas laisser passer une occasion d'accroître l'activité du Parti pour atteindre une ampleur qui finisse par couper le souffle, ne fût-ce que momentanément, à cette ville géante : fini de rire pour l'ennemi !

À Berlin, les procédés de propagande aussi sont différents de ceux du reste du Reich. Le tract, qui est, fréquemment et efficacement, employé dans la lutte politique en province, paraît ici complètement inadapté. Sans parler du fait que nous manquions d'argent pour imprimer et diffuser des tracts en nombre suffisant pour faire au moins impression sur cette cité cyclopéenne, Berlin est déjà tellement inondée de papier imprimé qu'un tract accepté par une main indifférente finit l'instant d'après dans le ruisseau.

La propagande par affiche et réunion promettait, sans aucun doute, de meilleurs résultats. Mais, employée dans le style des autres partis, elle ne nous aurait rapporté que d'infimes succès. Car les autres partis étaient déjà bien implantés dans la masse. Les camps politiques formaient déjà un tel bloc qu'il semblait presque impossible de les entamer. Il nous fallait tenter de pallier le manque de finances et d'effectifs par une originalité railleuse, adaptée à la mentalité de la population berlinoise. Il s'agissait d'abonder le plus possible dans le goût qu'ont les Berlinois pour les tournures spirituelles et les formules de l'emporte-pièce. Nous n'y manquâmes point et, comme les événements ultérieurs le prouvèrent, cela ne demeura pas sans succès.

Ces questions de propagande étaient le grand thème, largement discuté par tous, lors de nos réunions mensuelles de Gau. Dans la Vieille Garde du Parti, la compréhension pour ces choses était notamment éveillée et vivace. On ne trouvait que rarement un hypocrite défaitiste qui déchargeait sa bile critique aussi sur ces projets ; mais l'ensemble des militants collaborait de bon cœur et n'avait qu'un désir, mettre le plus vite possible, comme ils disaient, l'organisation en selle, afin de pouvoir passer à la pratique. Dès l'élaboration de ces travaux préliminaires, j'eus la grande chance de trouver une série d'amis et de camarades qui non seulement firent preuve de la plus large compréhension pour mes plans, mais encore semblèrent disposés, suivant leur caractère, à compléter efficacement, dans tel ou tel domaine, fut-ce par le pinceau ou le crayon, ce que je cherchais à atteindre par la parole ou récrit.

Dans cet ordre d'idées, je ne puis omettre de citer un homme qui, dès le premier jour de mon activité berlinoise jusqu'à cette heure, a été en tout à mes côtés avec courage et désintéressement, et à qui des dons remarquables ont fourni l'occasion de tracer de nouvelles voies au Parti et à son style artistique, encore vague et à peine formulé. Il s'agit de notre dessinateur Mjölnir, qui venait à l'époque d'achever sa première série d'affiches chocs nationales-socialistes. Il fut le premier — et le seul — à donner une représentation graphique du S.A. type, par une série d'affiches qui accrochaient le regard des masses. L'homme de la S.A. passera à jamais dans l'imagination des générations futures tel que Mjölnir l'a jeté avec son fusain ou son pinceau sur le papier et la toile dans une inspiration passionnée. Ce fut en fait le début d'un nouveau style artistique auquel nous aspirions inconsciemment, et qui trouva par là, spontanément, d'une façon simple et grande, voire monumentale, sa première forme d'expression animée et bouleversante.

Le ministre, Joseph Goebbels, et le commissaire à l'architecture,

Hans Schweitzer-Mjölnir, lors d'une exposition lors des Jeux olympiques d'été de 1936 à Berlin, en Allemagne, le 19 juillet 1936.

Ce jeune artiste a le rare talent de maîtriser, avec une virtuosité géniale, non seulement la représentation imagée, mais aussi la formulation verbale concrète. Chez lui, l'image et le slogan naissent d'une même intuition unique, et les deux réunis produisent alors un effet massif, entraînant et stimulant auquel ni l'ami ni l'ennemi ne peuvent échapper à la longue.

Sous cet angle aussi, j'ai beaucoup appris depuis le début de mon activité à Berlin. J'arrivai de la province, et j'étais encore tout imprégné de ses conceptions. La masse n'était alors pour moi qu'un monstre obscur, et je n'étais pas encore possédé de la volonté de la conquérir et de la maîtriser. Sans cette volonté, la ténacité ne sert à rien à Berlin. Au point de vue sociologique, Berlin est un conglomérat : celui qui veut y devenir quelqu'un et prendre une certaine importance, doit parler la langue de la masse, et faire en sorte que cette dernière puisse éprouver pour lui sympathie et dévouement.

Par la force des choses, il se développera aussi chez moi, du fait de ces promptes constatations, un style tout nouveau du discours politique. Si je compare aujourd'hui les sténogrammes de mes discours d'avant Berlin, à ceux de mes discours ultérieurs, les premiers me paraissent presque doux et prosaïques. Et il en va de même pour tous les agitateurs berlinois du Mouvement. Le rythme de la métropole aux quatre millions d'âmes palpite, comme un souffle brûlant, à travers les déclamations des propagandistes dans la capitale du Reich. Ici a été parlée une langue nouvelle et moderne qui n'a plus rien à voir avec les formes d'expression archaïques et soi-disant populaires. L'agitation nationale-socialiste a été taillée à la mesure des masses. La conception moderne de la vie, propre au Parti, chercha et trouva ici aussi un style moderne et entraînant. À côté des congrès du Gau, nos meetings de masse avaient lieu semaine après semaine. Ceux-ci se tenaient le plus souvent dans la grande salle de la Maison de l'Association des Combattants, qui a pris une signification quasi-historique pour notre développement ultérieur. Ils ne méritaient, certes, le qualificatif de « *meeting de masse* » que dans une mesure limitée. Les masses n'y étaient représentées qu'exceptionnellement. Les auditeurs, environ mille à mille cinq cents hommes et femmes, se recrutaient principalement parmi les militants venus de tous les quartiers de Berlin, avec quelques compagnons de route et sympathisants. Pour le moment, cela nous convenait parfaitement. Nous avions ainsi la possibilité de nous exprimer tout à fait entre nous, sans courir le danger d'être, dès le début, écartés du sujet par une discussion confuse et dangereuse avec des adversaires politiques. Nous y familiarisions les militants de base du Parti avec les idées fondamentales du national-socialisme, qui n'étaient parfois connues que d'une manière très vague et embrouillée. Nous les fondions là en un système unitaire d'une conception politique globale. On se rendit compte plus tard quelle énorme importance avait eu ce travail que nous menions systématiquement tout au long des semaines. Si, par la suite, le Parti lui-même, et sa Vieille Garde en particulier, furent invulnérables à toutes les hostilités extérieures, si chaque crise suscitée dans le mouvement fut surmontée sans peine, c'est parce que les membres du Parti avaient été formés à une doctrine uniforme et solide ; ainsi, ils étaient prêts à déjouer tous les pièges dans lesquels l'ennemi voulait les attirer.

C'est ici le lieu d'évoquer les autres mérites que la Vieille Garde du Parti s'est acquis dans l'édification du Mouvement berlinois. Ils n'étaient en fait que quelques centaines, petite secte dont on riait, à se réunir autour de notre drapeau. Ils étaient exposés à toutes les calomnies et à toutes les persécutions et ils puisèrent pourtant dans leur propre humiliation le courage de progresser au-delà de leurs forces. Les premiers nationaux-socialistes de Berlin n'ont pas eu la vie facile. Celui qui se proclamait alors des nôtres, ne devait pas seulement faire face au terrorisme de la violence, il lui fallait aussi souffrir, jour après jour, dans les bureaux et les ateliers, le dédain glacial et le mépris souriant d'une masse indifférente, pleine d'une présomptueuse arrogance. Le militant de base en souffre beaucoup plus la plupart du temps que celui qui se trouve à la tête de l'organisation. Il est toujours en contact immédiat avec l'adversaire, il est son voisin d'établi et de comptoir. Il voyage avec lui en autobus, en tramway, en métro.

C'était déjà une entreprise téméraire que de porter ostensiblement notre insigne ou de déployer un de nos journaux en public.

Mais ce n'est pas tout sur ce chapitre. Dans la mesure où le militant de base est convaincu que derrière lui, il y a une organisation de masse, et qu'ainsi sa cause se trouve en de bonnes mains, que victoire sur victoire et triomphe sur triomphe seront remportés par son mouvement, alors affront, dédain et mépris souriant sont supportés en silence et dédaignés. Mais ce n'était pas du tout le cas à l'époque. Au contraire ! Nous étions une association ridiculement faible. On ne nous connaissait même pas de nom. On nous tenait pour des sectaires quelque peu étroits d'esprit ; non seulement le Mouvement n'enregistrait pas de succès, mais encore des reculs et des échecs venaient empirer sa difficile existence.

Outre cela, il faut dire encore que les quelques centaines de camarades du Parti devaient faire pour le jeune Mouvement en essor des sacrifices matériels inouïs et à peine supportables. On sait qu'il est beaucoup plus difficile de mettre une affaire en marche que de la faire tourner. Les fondements les plus élémentaires de notre organisation devaient être posés. Tout cela coûtait beaucoup d'argent et il fallait réunir cet argent à partir des salaires misérables de petites gens.

Nous aurions souvent désespéré de notre tâche à ce moment-là, si l'admirable dévouement de nos camarades à la cause commune, ne reculant devant aucun sacrifice, ne nous avait constamment emplis d'un courage nouveau et d'une foi neuve. Aujourd'hui, des adhérents récemment entrés au Parti trouvent quelquefois que c'est déjà beaucoup trop d'acquitter les cotisations mensuelles régulières, dans la plupart des cas tout à fait supportables. En ce temps-là, chaque membre du Parti sacrifiait de bon cœur 10 % et plus de son revenu pour le Parti. Car nous partions de la conviction que si nous donnions 10 % de notre revenu au système actuel sous la contrainte des lois, nous devions être prêts à sacrifier au moins autant par devoir moral pour un Parti dont nous croyions et espérions qu'il rendrait l'honneur à la nation allemande et son pain au peuple allemand.

La Vieille Garde du Parti forme aujourd'hui encore l'épine dorsale de tout le Mouvement. On retrouve partout les camarades d'alors, à tous les échelons de l'organisation. Aujourd'hui aussi, comme à cette époque, ils font calmement et discrètement leur devoir. Celui-ci comme chef de section, cet autre chef de S.A. ; celui-ci responsable de rue, cet autre responsable de cellule d'entreprise ; et beaucoup, comme alors, en simples militants du Parti, ou en S.A. inconnus. Leurs noms ne sont pas inscrits dans l'Histoire et ils s'en accommodent fort bien. Mais en tant que Garde du Parti, qui a serré et brandi notre drapeau lorsque ébranlé, il menaçait de vaciller et de s'abattre, ils resteront pour toujours en mémoire, aussi longtemps qu'on parlera du national-socialisme en Allemagne.

Nous constituâmes cette Garde du Parti en une petite organisation particulière, strictement disciplinée. Cette organisation portait le nom d'« *Union de la Liberté* ». Le nom exprimait déjà que ceux qui s'y groupaient étaient prêts à tout sacrifier à la liberté. Ils se réunissaient tous les mois et ont, durant toute une année, dans un héroïque don de soi, outre leur participation aux combats et à la vie du Parti, mis à sa disposition les moyens financiers qu'il lui fallait pour s'élancer.

Spandau était en ce temps l'un des premiers points d'appui solides de l'organisation politique et de la S.A. On dit que le natif de Spandau est baptisé d'une autre eau que le Berlinois. Et effectivement, ce secteur avait des particularités irritantes. Mais quand il s'agissait pour le Parti de réunir des bagarreurs, que ce fût pour se défendre ou pour élargir ses positions en attaquant, ce bastion se dressait alors comme un seul homme. C'est à partir de cette section que nous avons livré les combats préliminaires du Mouvement berlinois. Les premiers meetings de masse qui firent sensation dans la capitale furent réalisés à Spandau. De là, le Mouvement progressa, se développant irrésistiblement vers Berlin même.

Aujourd'hui encore, quand l'un des vieux Gardes du Parti s'en vient et vitupère, d'homme à homme, contre tel ou tel défaut du Parti, quelle satisfaction ! On sait d'emblée que cette critique est dictée par le souci du bien du Parti et que celui qui la présente ne veut nullement faire l'important, mais qu'au contraire, il n'agit ainsi que dans le seul intérêt du Parti. Le même homme qui, dans le privé, parle des défauts réels ou supposés du Parti, se mordrait plutôt la langue que de lui porter dommage par une action publique irréfléchie. Par ses années de militantisme, et ayant fourni la preuve que le cas échéant, il est prêt à se sacrifier complètement pour le Parti, il s'est bien acquis le droit de critiquer.

Quel effet lamentable font en comparaison ces hâbleurs qui n'apparaissent qu'au moment du succès et se croient surtout obligés de diminuer par leurs critiques les résultats obtenus par d'autres, sans eux et quelquefois contre eux. À cette époque, lorsqu'il ne s'agissait chez nous que de travailler et de combattre, de s'engager dans l'action et n'engager que soi, lorsque rien n'existait encore qu'on pût critiquer, ces hâbleurs ne fréquentaient pas les parages. Ils nous laissaient faire le gros du travail. Ce n'est que lorsque le chariot fur sorti de l'ornière qu'ils apparurent aux lisières du Parti avec leurs bons conseils, et leurs sottes critiques, empreints de platitude bourgeoise.

Quant à moi, un modeste Garde du Parti, aux vieux états de service, qui remplit discrètement depuis des années ses obligations envers le Mouvement, sans réclamer pour cela fil gloire ni honneurs, même s'il ne manie pas aussi élégamment les mots que ces acrobates du style sophistiqué, m'est cent fois plus cher que ces pleureuses bourgeoises qui, subitement, se découvrent un cœur pour nous aujourd'hui, alors que le Mouvement est devenu le plus grand parti d'Allemagne.

Le 1er janvier 1927, nous prîmes congé de la « *fumerie d'opium* » de la Potsdamer Strasse, et installâmes nos nouveaux locaux Lützow Strasse. À l'échelle actuelle, ils paraissent encore relativement petits, modestes et rudimentaires, de même que les méthodes de travail qui y furent introduites. Mais alors, c'était un bond risqué. Nous passions de la cave au premier étage. Le parloir enfumé se transformait en un véritable siège politique organisé. Le Mouvement pouvait y être administré de façon rationnelle. En outre, les nouveaux bureaux offraient maintenant la possibilité d'admettre et d'incorporer plus de monde au Parti et dans son organisation. Un minimum de personnel avait été engagé, non sans de fréquentes luttes avec les membres du Parti eux-mêmes, qui s'étaient déjà tellement habitués à la routine passée qu'ils la tenaient pour indispensable et pensaient que tout manquement envers elle était un signe d'ostentation capitaliste et de vantardise.

Nos buts étaient hauts placés, mais les événements allèrent finalement beaucoup plus vite que nos plans d'ascension. La marche triomphale du Mouvement était commencée et allait rapidement devenir irrésistible. Les masses avaient de plus en plus confiance en nous. Le Parti vit croître ses effectifs.

Son nouveau siège lui offrait pour la première fois un gîte et un retranchement solide. On pouvait y travailler, s'organiser et y tenir les réunions indispensables. On pouvait, dans le calme et dans l'ordre, y expédier les affaires. De nouvelles méthodes de travail furent introduites dans le Mouvement. L'administration donna à l'organisation la force de marcher irrésistiblement de l'avant et de progresser continuellement.

Au cours de ces semaines, la pièce de Gœtz, Reidhard von Gneisenau fut représentée plusieurs centaines de fois sur une scène berlinoise, avec le plus grand succès. Ce fut mon premier grand événement théâtral dans la capitale du Reich. Une phrase de ce général solitaire qui ne comprenait pas le monde et que le monde ne voulait pas comprendre est demeurée inoubliable pour moi :

« *Que Dieu vous donne un but, peu importe lequel !* »

Dieu nous a donné un but, et ce but ne nous était pas indifférent : nous croyions en quelque chose. Il n'était plus secondaire de savoir à quoi. Le but était reconnu et la foi dans le fait que nous l'atteindrions était enracinée inébranlablement en nous. C'est ainsi que, pleins de courage et de confiance en nous-mêmes, nous nous mîmes en marche, sans nous douter combien de soucis et de détresse, combien de terreur et de persécutions nous attendaient.

Chapitre III

Malgré la terreur

Si un mouvement politique est numériquement faible, et qu'il manque de rigueur dans son agitation et sa propagande, il demeure alors, quels que soient ses objectifs, ignoré de ses ennemis. Mais dès qu'il a dépassé un certain stade de son développement et qu'il commence à occuper l'opinion, ses ennemis sont contraints de s'opposer à lui. Comme ils avaient jusqu'ici trop négligé notre existence et que cette erreur commençait à leur coûter, nos adversaires cherchèrent à rattraper le temps perdu par un excès de haine, de mensonge, de calomnie et de sanglante terreur.

En politique, les idées que l'on défend n'emportent pas seules la décision, mais aussi, et dans une mesure déterminante, les moyens d'agir que l'on est disposé et capable de mettre en jeu pour leur défense. Un idéal sans puissance restera toujours théorie, même s'il est juste. C'est pourquoi ses partisans doivent concentrer toute leur rigueur politique à la conquête du pouvoir, pour réaliser ensuite l'idéal, par l'emploi de ce pouvoir.

Après que nous eûmes réédifié, en deux mois, les structures intérieures de l'organisation, le Mouvement national-socialiste avait maintenant dépassé le premier stade de son développement. Il était consolidé sur lui-même et pouvait, à compter de ce moment, être lancé dans la lutte. Mais dans la même mesure où son organisation se perfectionnait et où la propagande commençait à faire ses premiers pas timides vers l'extérieur, l'ennemi devenait attentif. Il reconnut très vite qu'il ne serait pas prudent de nous négliger davantage, bien que le Mouvement n'en fût encore qu'au stade initial rudimentaire. Le Parti s'était déjà installé dans certaines positions de force dont il était malaisé de le chasser. Sa doctrine était clarifiée, l'organisation solidement ancrée.

Le marxisme cherche toujours à susciter dans le public l'opinion qu'il a bien en main le contrôle d'une ville. Dès qu'il eut connu nos intentions et compris que nous n'avions pas d'autre objectif que de mettre fin au slogan, effectivement encore exact à cette époque « *Berlin reste rouge !* », le marxisme s'élança, de toute la force massive de ses organisations, contre notre mouvement. La lutte défensive, qui se déclencha ainsi sur toute la ligne contre nous, n'était pas entièrement menée par le seul communisme. La social-démocratie et le bolchevisme étaient exceptionnellement en parfait accord ; nous avions donc à nous défendre sur un double front : contre le bolchevisme, qui dominait la rue, et contre la social-démocratie, qui tenait solidement les services publics.

La lutte débuta par le mensonge et la calomnie. Comme s'ils avaient obéi à un seul ordre, tous les partis déversèrent sur notre jeune Mouvement les eaux les plus sales de la démagogie. Le marxisme voulait empêcher ses partisans, atteints par le doute, de se rendre à nos réunions, qui commençaient à voir une affluence croissante. Il leur donna de nous une image trompeuse, falsifiée de la façon la plus indigne et la plus cynique. Le Mouvement national-socialiste fut présenté comme un rassemblement d'éléments criminels et déracinés, ses partisans comme des spadassins velléitaires et ses chefs comme des excitateurs vulgaires, infâmes, au service du capitalisme, et qui n'avaient pas d'autre tâche, que de diviser le front ouvrier marxiste, et de prôner la dissension et le désaccord dans ses rangs.

C'est ainsi que débuta une campagne d'excitation d'une ampleur jamais vue. Il ne se passait pas de jour sans que les journaux n'eussent à annoncer des méfaits nationaux-socialistes. La plupart du temps, le *Vorwärts* [5] ou le *Rote Fahne* [6] donnaient le ton et ensuite tout l'orchestre de la presse juive exécutait la symphonie polémique, enragée, suintante de

---

[5] *Vorwärts* (En Avant) : organe du Parti socialiste.
[6] *Rote Fahne* (Drapeau Rouge) : organe du Parti communiste.

démagogie.

Dans le même temps, la terreur rouge la plus sanglante régnait dans la rue. Quand ils revenaient des réunions, nos camarades étaient poignardés ou abattus à la faveur de la nuit. On les attaquait à dix ou vingt contre un, dans les arrière-cours des immeubles de rapport. On les menaçait jusque dans leurs propres demeures misérables, et lorsque nous sollicitâmes la protection de la police, nous ne faisions en général que parler à des murs.

On s'habituait à nous traiter en citoyens de seconde classe, en provocateurs et en calomniateurs indignes, qui ne méritaient rien de mieux que de se faire poignarder dans le dos par quelque individu échappé des banlieues prolétaires.

Cette époque nous fut difficile et presque insupportable. Mais, malgré tous ces sanglants sacrifices auxquels nous fûmes contraints, ce combat avait pourtant aussi ses bons côtés. On ne pouvait plus nous passer sous silence ou bien nous lorgner avec un mépris glacial. Il fallait bien nous nommer, même si c'était à contrecœur et avec fureur. Le Parti se faisait connaître. D'un seul coup, il se trouvait au centre de l'intérêt public. Comme un vent impétueux, il avait balayé le calme léthargique du Berlin politique, et il fallait maintenant prendre position a son égard : par oui ou par non. Ce qui nous paraissait aux débuts un désir irréalisable devenait subitement réalité. On parlait de nous. On discutait de nous, et l'opinion ne manquait pas de se demander, de plus en plus, qui nous étions au juste et ce que nous voulions.

Les gratte-papiers étaient ainsi arrivés à obtenir ce qui ne se trouvait certainement pas dans leurs intentions. Il nous eut fallu travailler et lutter des années pour réaliser l'équivalent : le Mouvement n'était plus inconnu. Il avait un nom, et là où on ne l'aimait pas on lui faisait face avec une haine manifeste et impudente. Jusqu'ici, on n'avait que souri de nous. Deux mois de travail suffirent, pour que l'ennemi n'ait plus le goût de rire. Le jeu inoffensif devenait gravité sanglante. Nos adversaires commirent alors une série d'erreurs psychologiques. En persécutant également les chefs de notre Mouvement et les simples militants, ils ne firent que rassembler ceux-ci dans un front commun de résistance passionnée. S'ils avaient eu l'intelligence d'épargner les cadres et de s'en prendre uniquement a nos hommes, la situation aurait été à la longue intenable, car cela aurait inévitablement déclenché dans nos propres rangs une vague de versatilité et de mécontentement. En agissant comme ils le firent, nos ennemis contribuèrent involontairement à cimenter la camaraderie dans notre groupe, à augmenter l'amitié, pour le meilleur et pour le pire, et rendirent le Mouvement national-socialiste tellement uni, qu'il put, par la suite, faire face à toutes les hostilités.

Les convocations policières et judiciaires s'amoncelèrent alors sur mon bureau. Non pas que je fusse devenu subitement un plus mauvais citoyen. Mais celui qui a pris la décision d'engager le combat contre le régime au pouvoir, peut bientôt à peine faire un pas sans rentrer en conflit avec une loi quelconque.

Après nombre d'invitations platoniques, il me fallut bien vite prendre le chemin de Moabit.[7] J'apparus pour la première fois dans ce vaste tribunal berlinois de brique rouge, où je devais si souvent par la suite donner des représentations à la chaîne. À ma grande surprise, j'appris ici, que je m'étais rendu coupable de haute trahison qualifiée. Je fus pressé comme un citron et remarquai bien vite que pas une de mes paroles écrites ou prononcées n'était restée inaperçue des autorités supérieures.

La lutte publique réelle commença dans notre point d'appui le plus solide, à Spandau. Dans les derniers jours de janvier 1927, nous y organisâmes notre premier meeting de masse, qui mérita effectivement cette appellation. Nous avions lancé un appel aux troupes marxistes, et il ne resta pas sans écho. Plus de cinq cents hommes des troupes de choc rouges, dispersés dans toute la salle, figuraient parmi nos auditeurs, et ça allait chauffer, bien sûr. Ils ne venaient manifestement pas pour se

---

[7] Moabit, quartier de Berlin, reçut son nom des protestants français. On y trouve le Palais de Justice et une prison qui correspond à notre Dépôt.

faire éduquer par nous. Ils avaient plutôt envie, comme on dit dans leur jargon, de « *mettre en forme* » la réunion.

Cette louable intention fut réduite à néant par la tactique habile que nous suivîmes pendant la réunion. Nous déclarâmes, d'emblée, que nous voulions discuter ouvertement avec tout compatriote honnête, que chaque parti devait se voir accorder un temps de parole généreux, que l'ordre du jour de la réunion était bien entendu déterminé par nous, les invitants, et que celui qui ne voudrait pas s'y conformer serait expulsé sans ménagement par la S.A.

C'était un langage qu'à Berlin on n'avait entendu jusqu'à ce jour que dans les seules réunions marxistes. Les partis rouges se sentaient par trop sûrs de leur force, ils ne prenaient pas du tout au sérieux les formations « *bourgeoises* » qui organisaient des discussions académiques sur le marxisme. Chez les Rouges, on affectait d'en rire et on ne se donnait pas la peine d'honorer de sa présence ce genre de réunions.

Dès le début, ce fut différent chez nous. Nous parlâmes la langue que communistes et socialistes comprennent aussi, et on en vint à discuter de questions qui intéressent au plus haut point l'homme du peuple.

Le prolétaire est sensible à la notion de Justice. Celui qui sait le prendre par là, sera toujours assuré de sa sympathie. Nous dîmes notre désir de discuter, nous nous mîmes au même niveau que le prolétaire, d'homme à homme. En agissant immédiatement ainsi, les provocateurs rouges furent dans l'impossibilité de saboter la réunion avant, qui plus est, qu'elle eût commencé, ainsi qu'ils en avaient l'habitude, en utilisant d'indignes procédés démagogiques : Mais cela pouvait déjà nous suffire ; car nous savions que si nous parvenions à prendre la parole devant ces gens, égarés mais anxieux, nous avions alors remporte la partie.

Pour cette première réunion ouvrière, le discours dura plus de deux heures. Le thème en était le socialisme et, pendant mon exposé, je me réjouis intérieurement de voir que ces 500 personnes, venues pour nous disperser avec leurs poings de prolétaires comme l'écrivait le *Rote Fahne*, s'étaient progressivement calmées. Quelques provocateurs stipendiés tentèrent bien, au début de troubler le déroulement de la réunion, mais, devant l'attitude glaciale de leurs propres camarades, ils se turent les uns après les autres, et, à la fin, le calme solennel d'une attention recueillie régnait sur toute l'assemblée.

La réunion commença. Un agitateur marxiste venait de monter à la tribune et tentait de déclencher la brutalité par des appels sanguinaires lorsque survint de l'extérieur une nouvelle alarmante : des groupes d'agresseurs rouges avaient attaqué, roué de coups et poignardé deux de nos militants rentrant chez eux ; il avait fallu transporter l'un à l'hôpital, où il était entre la vie et la mort. Je me levai aussitôt, et faisant connaître cet horrible incident à l'auditoire, je déclarai que le Parti national-socialiste ne pouvait pas, dans de telles conditions, laisser prendre la parole dans une de ses réunions au représentant d'un parti dont les sectateurs tentaient au dehors, lâchement, à la faveur de l'obscurité, de remplacer par la matraque et le poignard ce qui semblait manifestement leur manquer en arguments idéologiques.

La description de l'ignoble et infâme agression ayant mis toute l'assemblée en état d'ébullition, les derniers communistes, saisis de mauvaise conscience, commencèrent à se taire. L'annonce catégorique que notre Parti n'était pas disposé à se commettre avec de tels charognards, souleva chez tous les auditeurs de bonne foi une approbation bruyante et enthousiaste. Sans que nous eûmes à bouger, le provocateur rouge, balbutiant encore quelques mots de protestation, fut arraché du podium et, passant de main en main, rejeté au dehors.

En concluant, je déclarai encore une fois, avec fermeté et netteté, que nous étions toujours et partout disposés à parler d'homme à homme avec tout militant politique de bonne foi, surtout avec un honnête ouvrier, mais que toute tentative de s'opposer à nous par une terreur sanguinaire se heurterait à la même violence :

Si les autres avaient des bras et des poings, nous n'étions pas manchots.

La réunion se termina par une victoire sur toute la ligne. Les troupes de choc rouges se retirèrent en silence et les oreilles basses ; par contre, nos militants eurent pour la première fois, ce soir-là, le sentiment réconfortant que le Mouvement à Berlin avait maintenant fait sauter les limites étroites d'une secte partisane ; le combat était déclenché et à compter de cet instant, tout le front allait s'embraser. Il n'y avait plus de frein. Nous avions provoqué l'adversaire et chacun savait qu'il ne laisserait pas cette provocation sans réponse.

Effectivement, le jour suivant, nous eûmes le premier écho de la presse marxiste. D'ores et déjà, nous savions que dans les officines de scribouillards, on aurait vite fait de transformer la vérité en son contraire exact : nous serions cloués au pilori comme lâches provocateurs et assassins d'ouvriers, assommant d'inoffensifs prolétaires parce qu'ils avaient demandé à porter la contradiction.

Avec de gros titres en caractères d'affiche, les journalistes rouges hurlèrent dans la capitale du Reich :

Les Nazis organisent un bain de sang à Spandau... C'est un signal d'alarme pour toute la communauté ouvrière révolutionnaire de la capitale du Reich !

Et en dessous cette menace non dissimulée :

Cela leur coûtera, cher !

Il ne nous restait plus maintenant que deux possibilités : ou bien céder et faire perdre au Parti, une fois pour toutes, son crédit auprès du prolétariat ; ou bien élargir à nouveau avec une force décuplée la brèche creusée, et provoquer, de notre propre initiative, une nouvelle explication avec les marxistes. Cette décision — nous le savions — allait décider provisoirement du destin du Mouvement.

Nous fîmes imprimer des affiches pour en couvrir les murs de Berlin :

« L'État bourgeois touche à sa fin. Il faut forger une nouvelle Allemagne ! Intellectuels et ouvriers, le destin du peuple allemand est entre vos mains. Vendredi 11 février, Salles Pharus ! Thème : l'effondrement de l'État bourgeois... »

C'était évidemment une provocation telle qu'on en avait jamais encore vue à Berlin. Le marxisme ressent comme une usurpation le fait qu'un nationaliste manifeste publiquement ses opinions dans un quartier ouvrier. Et de plus à Wedding ! Wedding-la-Rouge appartient au prolétariat ! Il en a été ainsi durant des dizaines d'années, et personne n'a trouvé le courage de s'y opposer ni n'a cherché à prouver le contraire.

Et dans les Salles Pharus[8] ! C'était le domaine incontesté du K.P.D. C'est ici qu'il aimait tenir ses congrès, ici qu'il rassemblait presque chaque semaine ses partisans les plus fidèles et les plus actifs, ici où l'on n'avait jusqu'alors prononcé et entendu que les seuls mots d'ordre de la révolution mondiale et de la solidarité de classe internationale. Et c'est ici justement que le Mouvement national-socialiste décidait de tenir sa prochaine réunion de masses.

C'était une déclaration de guerre ouverte, et l'adversaire, tout comme nous le prit ainsi. Chez nos militants, ce fut de la jubilation ; on jouait maintenant le tout pour le tout. L'heure venait où le destin du Mouvement berlinois allait être jeté dans la balance avec hardiesse et témérité. Ici il fallait gagner ou perdre ! Le 11 février décisif approchait. La presse communiste se répandit en menaces sanguinaires. On nous préparait une chaude réception, on allait nous faire perdre le goût d'y revenir.

---

[8] Comme à la Mutualité ou jadis à Wagram, il y avait plusieurs salles de réunion dans le même immeuble.

Dans les bureaux de placement et à la rentrée des usines, on annonçait ouvertement que nous serions réduits en poudre ce soir-là.

Nous ne réalisions pas du tout alors le danger auquel nous allions faire face. Quant à moi, je ne connaissais pas encore suffisamment les marxistes à ce moment, pour prévoir en détail les conséquences possibles de leurs menaces. Je parcourais les sombres déclamations de la presse rouge avec un haussement d'épaule et attendais avec impatience le soir décisif.

Vers huit heures du soir, nous roulâmes vers Wedding dans une vieille auto cahotante. Un brouillard froid et gris pleuvinait du ciel sombre. Notre cœur battait d'impatience à en éclater.

Dès la traversée de la Müller Strasse, nous comprîmes que ce soir, cela n'irait pas sans accrocs. À tous les carrefours, des groupes de choc communistes semblaient attendre. On avait manifestement compté donner une sanglante leçon à nos militants, avant même leur entrée dans la salle de réunion.

Devant les Salles Pharus, la rue était noire de monde, pleine d'une foule qui donnait libre cours à sa colère et à sa haine en hurlant des menaces et des injures. Le chef de notre service de protection se fraya un chemin vers nous. Il nous annonça avec des mots brefs que dès sept heures et demie, la salle était entièrement remplie et que des membres du Front Rouge l'occupaient aux deux-tiers. C'était ce que nous voulions. Il fallait que la décision soit arrachée ici. N'importe comment. Et nous étions prêts à tout risquer pour cela.

En entrant dans la salle, nous fûmes saisis à la gorge par une haleine à couper le souffle, exhalée par la bière et le tabac. L'air était brûlant. Un fantastique brouhaha de voix criardes faisait rage. Les auditeurs étaient assis, entassés les uns sur les autres, et on ne pouvait qu'avec peine s'ouvrir un chemin vers la tribune.

À peine fus-je reconnu qu'un hurlement de vengeance et de colère, poussé par plusieurs centaines de voix me retentit aux oreilles :

— *Chien sanguinaire ! Assassin d'ouvrier !*

Ce n'était là que les mots les plus doux ! Mais voilà qu'y répondent les ovations emplies d'une passion exaspérée, de nos propres militants et des hommes de la S.A. Au pied de la tribune résonnent des cris de guerre entraînants. Je compris, sur-le-champ, qu'ici nous n'étions peut-être qu'une minorité, mais que cette minorité était résolue à combattre et qu'elle triompherait de cet examen de passage.

À cette époque, nous avions encore l'habitude de faire diriger les manifestations publiques du Parti par un chef de la S.A.

Ce fut le cas ici. Gigantesque, il se tenait en avant de la rampe de toute sa haute taille, et réclama le silence en levant le bras. Mais c'était plus vite dit que fait. Un éclat de rire moqueur fut la réponse. Les injures fusèrent de tous les coins de la salle. On braillait et criait et hurlait ! Parmi les groupes constitués, figuraient des révolutionnaires internationaux en état d'ivresse ; ils avaient manifestement bu pour se procurer le courage nécessaire ce soir-là. Il était tout à fait impossible de ramener au calme cette salle. Le prolétariat conscient de sa mission de classe n'était évidemment pas venu pour discuter, mais bien pour frapper, pour briser, pour mettre fin au spectre fasciste, à raide des poings calleux d'ouvriers.

Nous ne nous y méprîmes pas une minute. Mais nous savions aussi que si nous réussissions cette fois à nous imposer et si l'adversaire ne parvenait pas à nous hacher menu comme il l'avait promis, la marche à la victoire ultérieure du Mouvement à Berlin serait irrésistible.

Environ quinze à vingt membres de la S.A. et de la S.S. se dressaient témérairement devant la tribune, en uniforme et avec des brassards. Une provocation éhontée et effrontée pour tout militant rouge ! Derrière moi, sur le podium, se tenait un groupe de gaillards des plus sûrs, triés sur le volet, prêts à tout instant à repousser par la force, au péril de leur propre vie, la racaille rouge agressive.

Les communistes avaient manifestement commis une erreur de tactique. Ils n'avaient disposé leurs groupes qu'isolément à travers la grande salle et leur seul noyau compact se concentrait dans la partie arrière droite de la salle. Ici se trouvait — je m'en aperçus aussitôt — le centre du foyer de désordre ; c'est pourquoi il fallait y intervenir, si possible, en priorité et sans ménagement. Chaque fois que le président de la réunion annonçait l'ouverture du meeting, un sombre individu se dressait sur une chaise et criait automatiquement, d'une voix stridente :

— *À l'ordre du jour !*

Et ce cri était repris, hurlé et braillé par plusieurs centaines de voix.

Si on enlève à la masse son chef ou celui qui l'entraîne elle est alors sans maître et peut être facilement dominée. Il nous fallait donc, a n'importe quel prix, réduire au silence ce lâche agitateur qui s'imaginait en sûreté derrière le dos de ses camarades. Nous tentâmes une ou deux fois de le faire à l'amiable. Le président de la réunion cria d'une voix déjà enrouée au milieu du vacarme croissant.

— *On pourra porter la contradiction après l'exposé ! Mais c'est nous qui décidons de l'ordre du jour.*

Ces efforts restaient infructueux. Par ces interruptions sans cesse renouvelées, le crieur ne voulait que mettre le désordre dans la réunion et la porter en définitive à ébullition, pour aboutir au règlement de compte sanglant.

Lorsque toutes les mesures pour ramener pacifiquement l'ordre dans la réunion se furent avérées inutiles, j'appelai à part le chef de la S.S. et, sur-le-champ, ses gars s'avancèrent en groupes dispersés au milieu de la foule communiste déchaînée. Avant même que les militants du Front Rouge, surpris et estomaqués, s'en fussent rendus compte, nos camarades avaient descendu de sa chaise le provocateur et l'amenaient, au travers de la populace en effervescence, jusque sur la tribune. Tout n'était pas fini pour autant, et ce que j'avais attendu se produisit tout aussitôt : une chope de bière fendit l'air et s'écrasa sur le sol, donnant ainsi le signal de la première bataille.

Les chaises furent cassées, les pieds de tables furent arrachés, des batteries de verres et de bouteilles entassés furent dressées en quelques secondes, telles des canons, sur les tables. Et ça partit. Dix minutes durant, la bataille balança alternativement d'un côté et de l'autre. Verres, bouteilles, pieds de tables et de chaises, traversaient l'air en sifflant. Un vacarme assourdissant s'élevait. Le fauve rouge était lâché et voulait maintenant ses proies.

Il sembla d'abord que nous étions perdus sans rémission. L'attaque communiste s'était déclenchée si spontanément et si violemment qu'elle nous surprit tout à fait, quoique nous nous y fussions préparés. Mais à peine les troupes de la S.A. et de la S.S.[9], réparties dans toute la salle et massées principalement devant la tribune, se furent-elles remises de la première surprise paralysante, qu'elles passèrent à la contre-attaque avec une hardiesse téméraire. On put alors faire cette constatation : si le parti communiste a vraiment des masses derrière lui, celles-ci, dès qu'elles se heurtent à un adversaire discipliné et déterminé, deviennent lâches et prennent la fuite. En un clin d'œil, la canaille rouge, venue pour saboter notre réunion, fut jetée avec perte et fracas hors de la salle. Le calme, qui n'avait pu être rétabli par des moyens pacifiques, fut imposé par la force.

Au cours d'une bataille de salle, on est souvent à peine conscient de ses phases distinctes. Elles ne reviennent à la mémoire que par la suite. J'ai encore aujourd'hui devant les yeux une image dont je me souviendrai ma vie entière : celle d'un jeune membre des S.A. Inconnu de moi jusqu'alors, il se tenait

---

[9] *Schutz Staffel*. Équipe de protection, chargée à l'époque du service d'ordre pendant les manifestations du Parti.

sur la tribune. Pour protéger le comité de la réunion, il jetait ses projectiles sur la racaille rouge qui avançait. Subitement, il est atteint à la tête par une chope de bière jetée de loin. Le sang inonde à flot ses tempes. Il s'écroule à terre dans un cri. Après quelques secondes, il se relève, attrape une carafe d'eau encore posée sur la table et la lance d'un geste large dans la salle où elle s'écrase, dans un bruit de verre cassé, sur la tête d'un adversaire.

Le visage de ce jeune homme demeure fixé en moi. Il s'est gravé éternellement dans ma mémoire au cours de cet épisode qui n'a duré que l'espace d'un éclair. Ce S.A., grièvement blessé aux Salles Pharus, devait vite devenir mon camarade le plus sûr et le plus fidèle, et il l'est resté depuis.

Lorsque les marxistes eurent évacué le champ de bataille, en hurlant, maugréant et jurant, on put alors seulement constater à quel point le choc avait été dur et lourdes les pertes. Ils étaient dix des nôtres à joncher la tribune, dans leur sang ; la plupart avec des blessures au front et à la tête, et deux d'entre eux avec de graves commotions cérébrales. La table et l'escalier qui menait à l'estrade étaient couverts de sang. Toute la salle n'était qu'un champ de décombres. Et dans ce désert, parsemé de flaques de sang et de débris de meubles, se dresse tout d'un coup notre immense chef de S.A. Il est de nouveau à sa place et il déclare avec un calme d'airain :

— La réunion se poursuit. Le conférencier a la parole. Ni avant, ni après, je n'ai pris la parole en des circonstances aussi émouvantes. Derrière moi, gémissant de souffrance et baignant dans leur sang, les camarades S.A. grièvement blessés. Tout autour de moi, des débris, des pieds de tables brisés, des chopes de bière en morceaux, et du sang. Toute l'assemblée figée dans un calme impressionnant.

Nous manquions alors d'un corps sanitaire entraîné, c'est pourquoi nous fûmes obligés, nous trouvant dans une banlieue prolétaire, de faire transporter nos blessés graves par les infirmiers ouvriers. Et il se déroula devant la porte de la réunion des scènes qui, dans leur rebutante cruauté, sont franchement indescriptibles. Ces hommes dégénérés, luttant soi-disant pour la fraternité de l'humanité, allèrent jusqu'à insulter nos pauvres blessés graves et à les harceler d'apostrophes de ce genre :

« *Ce salaud n'est pas encore crevé ?* »

Dans de telles conditions, il était impossible de faire un discours cohérent. À peine avais-je pris la parole, qu'une équipe d'infirmiers entrait à nouveau dans la salle et enlevait les blessés sur des brancards cahotants. Un S.A. grièvement blessé que ces brutaux apôtres de l'humanité couvraient des quolibets les plus obscènes et les plus odieux cria d'une voix qui retentit distinctement jusqu'à moi, sur la tribune. J'interrompis le discours, traversai la salle où se trouvaient encore disséminés quelques commandos de choc des communistes — il est vrai qu'ils se tenaient à l'écart, silencieux et craintifs, après cet étrillage inattendu — et pris congé, au dehors, du camarade S.A. gravement atteint.

À la fin de mon discours, la formule du S.A. inconnu fut énoncée pour la première fois.

Un incident comique fournit à ce heurt sanglant une conclusion en quelque sorte conciliante. Lorsqu'après l'allocution, on appela à la discussion, un petit-bourgeois souffreteux s'annonça, en énonçant sa qualité de membre de l'Ordre Jeune-Allemagne[10]. Dans un pathos bêlant, il exhorta l'assistance à la fraternité, et à la paix civile ; il nous représenta, dans des plaintes animées, l'immoralisme sans issue de ce carnage et déclara que l'unité profonde seule rend fort. Comme il voulait entamer, après une profonde inclinaison devant l'assistance, la lecture d'un poème patriotique pour achever ainsi sa noble et creuse déclaration, un brave S.A., avec quelque à propos, l'interrompit sous une tempête de rires :

— *Hi, hi, le petit poète du dimanche !*

La bataille des Salles Pharus s'acheva sur cet intermède comique. À l'extérieur, la police avait dégagé la rue. La retraite de la S.A. et de la S.S. se déroula sans entraves. Un jour décisif dans l'évolution du Mouvement national-socialiste à Berlin venait de s'achever.

Aucun mot ne peut rendre le flot de mensonges qui déferla le lendemain dans les colonnes des journaux ennemis. La presse communiste, dont toute l'existence politique consiste à provoquer le fratricide, se sentit tout à coup appelée à jouer l'inoffensif persécuté et à accuser notre Mouvement d'assassiner les ouvriers alors qu'il n'avait fait que défendre son droit à la vie. Voici quelques extraits de la presse du 12 février 1927 :

Berliner Morgenpost [11] :

« *Aux Salles Pharus, Müller Strasse 142, hier soir vers 21 heures, de graves incidents se sont produits entre communistes et membres du Parti ouvrier et social allemand qui y tenaient une réunion. Au cours d'une bagarre qui a éclaté entre ces partis, de*

---

[10] Organisation de droite conservatrice et monarchiste.
[11] Homologue de l'*Aurore* ou du *Parisien Libéré*...

nombreuses personnes ont été sérieusement blessées. Les ambulances ont amené quatre blessés à l'hôpital Virchow, les autres, une dizaine environ, ont reçu des soins sir place. Le Parti ouvrier et social allemand avait organisé une réunion politique hier soir aux Salles Pharus au nord de Berlin. Devant le lieu du meeting, plusieurs centaines de communistes s'étaient rassemblés et une grande partie d'entre eux était entrée dans la salle. Des rangs des auditeurs jaillissaient sans arrêt des exclamations. Subitement il y eut un grand tumulte, qui dégénéra vite en bagarre. Avec des chaises, des chopes de bière et d'autres objets, les partisans bondirent l'un sur l'autre. Le matériel de la salle a été démoli. De nombreux policiers séparèrent finalement les combattants et effectuèrent une série d'arrestations. »

Die Welt am Abend [12] :

« Hier soir, des heurts sanglants se sont produits à Wedding entre les provocateurs nationaux-socialistes et la police d'une part et les ouvriers de Wedding d'autre part. Le parti ouvrier national-socialiste avait convoqué aux Salles Pharus un meeting, où un certain Dr Goebbels devait pérorer sur l'effondrement de l'État bourgeois. La réunion, à laquelle assistaient quelque deux mille personnes, dont de nombreux communistes et sociaux-démocrates, prit dès le début un aspect orageux.

« Les nationaux-socialistes avaient d'emblée visé à la provocation. Le président de la réunion, Daluege, déclara, au moment où les communistes s'annoncèrent : « Chez nous, il n'y a pas de contradiction. » Aussitôt, de vives protestations s'élevèrent, entraînant l'intervention contre les ouvriers, d'un service d'ordre à croix gammée d'à peu près trois cents hommes. Il y eut de violentes bagarres. Les fascistes frappèrent les ouvriers à coups de pieds de chaises et de chopes de bière. Au cours de ces heurts plusieurs ouvriers furent grièvement blessés. Les ouvriers communistes et sociaux-démocrates furent finalement rejetés par les porteurs de croix gammée dans la rue, où une foule énorme

---

[12] Homologue de *Paris-Presse* avant sa fusion avec *France-soir*.

s'était rassemblée.

« La police arriva, tenta de dégager la Müller Suasse des deux côtés, et intervint sauvagement contre les ouvriers. De violents incidents se produisirent, en particulier Amrumer Strasse, ou dix-sept arrestations furent effectuées.

« Les événements des Salles Pharus et des alentours se répandirent dans tout le quartier comme un trait de poudre. De nouveaux groupes d'ouvriers affluèrent sans cesse, l'indignation se tournant surtout contre le service d'ordre hitlérien qui conservait une attitude provocante.

« La police tenta de refouler le public, et des renforts accourus escortèrent les gaillards à croix gammée jusqu'à la gare de la Putlitz Strasse. Au coin de la Torf et de la Trist Strasse, se produisirent de nouveaux chocs. La police affirme que des pierres auraient été lancées contre elle. Il est non moins certain que les Schupos ont tiré un grand nombre de coups de feu. Vingt nouvelles arrestations ont été opérées et les individus appréhendés menés à la préfecture de police.

« Mais les désordres ne prirent pas fin pour autant. À l'angle de la Nordufer et de la Lynard Strasse, de nouvelles violences eurent lieu lorsque, là aussi, des sectateurs de la croix gammée en retraite attaquèrent les ouvriers. Six personnes furent sérieusement blessées en cet endroit, chiffre qui vient s'ajouter à celui des trente blessés légers dénombrés jusqu'ici. »

Rote Fahne [13] :

« Des nationaux-socialistes attaquent des ouvriers.

« Agression préméditée aux Salles Pharus.

« Hier au soir, une réunion de nationaux-socialistes, annoncée

---

[13] Journal du Parti Communiste allemand.

par voie d'affichage public, a eu lieu aux Salles Pharus. C'est pourquoi de nombreux ouvriers y étaient venus et la salle était pleine. L'objet du meeting qui était la décadence du capitalisme, explique qu'un ouvrier ait pris la parole au début de la réunion en demandant à intervenir sur la question. Le président de la réunion déclara alors qu'il n'y aurait pas de contradiction au cours de ce meeting. Ce fut le signal d'une horrible et infâme agression des nationaux-socialistes.

« Des troupes de matraqueurs, recrutées spécialement à Schœnberg, avaient entassé avant la réunion quantité de chaises et de chopes de bière sur la galerie ; il s'agit donc d'une agression bien préparée. Juste au moment où le président refusait l'intervention sur l'ordre du jour, les nationaux-socialistes commencèrent à bombarder de la galerie, avec des chaises et des chopes de bière les ouvriers installés en bas de la salle. Des heurts violents se produisirent. De nombreux ouvriers furent blessés, parmi lesquels quelques-uns très gravement. Il y aurait même eu des morts, mais on n'a pas confirmation de ce fait.

« La nouvelle de l'agression nationale-socialiste s'est répandue à la vitesse de l'éclair dans Wedding, où les ouvriers descendirent dans la rue et organisèrent de grands défilés pour protester contre les assassins nationaux-socialistes. Quoique la Schupo intervint avec rigueur contre les ouvriers, de nouveaux groupes se reformaient sans cesse.

« Nous élevons la plus vive protestation contre ces lâches agressions meurtrières.

« Ouvriers, unissez-vous contre les assassins fascistes ! »

Telle fut la réponse de la presse judéo-communiste à une défaite, si inattendue pour elle qu'elle parût d'abord en avoir complètement perdu la raison. Nous lui avons vite, et très souvent par la suite, renfoncée dans sa propre gorge le mot « *assassin d'ouvriers* ». Nous ne nous sommes pas tus. Nous avons tenté de montrer à l'opinion, durant des années de lutte pour la vérité, où les véritables assassins d'ouvriers doivent être cherchés et trouvés.

Que l'on nous appelât maintenant « *bandits* », ce n'était pour nous, venant de la bouche des juifs de la Karl-Liebknecht Haus[14], qu'un titre de gloire. Et le fait qu'ils me désignèrent comme le « *super-bandit* » fut plus vite encaissé par nous qu'ils ne s'y attendaient ; cela devint rapidement dans nos propres rangs, non seulement à Berlin, mais dans tout le Reich, un surnom célèbre.

D'un seul coup, la solide autorité dirigeante que nous ne possédions pas encore jusque-là dans notre organisation berlinoise, avait été érigée et consolidée par ces succès. Il faut qu'un Mouvement combatif soit mené au combat ; si le militant de base voit que la direction progresse en luttant, non seulement sur le plan de la théorie, mais aussi sur celui de la pratique, il prendra vite confiance en elle et s'y soumettra inconditionnellement. La direction pour sa part acquiert ainsi la possibilité de mettre en balance, dans toutes les décisions critiques, son autorité croissante. Ce fut le cas. Le Mouvement berlinois avait dès lors un foyer central. On ne pouvait plus le diviser artificiellement par une argutie. Dans sa direction et dans sa base, il s'exerçait, se confirmait et devenait ainsi apte à la manœuvre des grandes actions politiques. Nous ne pûmes alors mesurer cette consolidation dans toute son ampleur. Elle devait nous servir très souvent par la suite, en des temps où le Mouvement fut exposé aux plus dures épreuves et lorsqu'il fallut lui donner un point d'appui solide et un cours sûr et infaillible, à des instants décisifs.

J'ai également pris en cette occasion mon premier contact avec les soi-disant porte-parole spirituels du nationalisme. Mais je dois avouer que cette connaissance ne m'apaisa que fort peu. Parmi ces défenseurs plumitifs de notre cause, j'en trouvais à peine un qui fit preuve de la moindre trace de compréhension pour la lutte en faveur du nationalisme à travers les quartiers prolétariens. On se réunissait au contraire dans des cercles intellectuels, on y disséquait la conception nationaliste des

---

[14] Le Comité central du Parti Communiste allemand, composé en très grosse majorité d'Israélites, siégeait dans la Maison Karl-Liebknecht.

choses en cent mille atomes pour les rapiécer ensuite péniblement et artificiellement, on s'y livrait à des acrobaties verbales, reflétant brillamment leurs inventeurs dans leurs propres miroirs, mais qui ne procurent aucune espèce de consolation et d'encouragement au front nationaliste combattant, ce front qui se dressait au dehors, ensanglanté et prêt au sacrifice, dans les salles de réunion enfumées.

Le nationalisme est une question d'actes, non de mots. Les défenseurs spirituels de cette cause doivent se garder de dépérir dans les discussions académiques. Nous ne sommes pas là pour égaler le style brillant des sociologues juifs et leurs feux d'artifice verbaux. Le nationalisme peut utiliser ces méthodes en cas d'urgence et de besoin ; mais cela ne doit jamais devenir pour lui un but en soi.

Le Mouvement national-socialiste est devenu grand par ses orateurs, et non par ses journalistes. Si l'un d'eux a pris la plume, il ne l'a fait que pour se mettre au service de l'organisation. Chez les écrivains nationaux-socialistes, j'ai eu au contraire le plus souvent l'impression qu'ils voulaient mettre notre organisation au service de leur plume. Je les avais jugés ainsi dès l'abord. Ils semblaient avant tout manquer du courage civique nécessaire : on avait peur de déplaire aux « *spécialistes* » de la littérature « *sociale* ». C'est une crainte fréquente chez l'intellectuel de formation, qui n'ose pas protester contre une quelconque insanité cosmopolite de peur de paraître démodé et d'être brocardé.

Le nationalisme était toujours décrié par les littérateurs « *sociaux* » qui y voyait une forme de la réaction. Il faut donc témoigner un certain courage civique pour crier au visage des charognards à la ligne dans les salles de rédaction : si à votre idée le nationalisme est la réaction, nous sommes alors précisément des réactionnaires de droit divin. Mais nous ne sommes aucunement disposés à nous laisser dicter notre conception du monde par quelque plumitif orgueilleux, arrogant et présomptueux.

On ne doit pas croire non plus que l'on s'impose aux hommes

de la littérature juive, en tentant de les égaler par la finesse du style ou le brillant des mots. En définitive, seul leur en impose la puissance, et ils ne baissent le ton que lorsqu'on leur brandit le poing sous le nez.

À notre grande joie, la bataille pour Berlin et ses exigences sanglantes commençaient à susciter l'intérêt de tout le Mouvement avec une ampleur croissante. Tout le Reich en fut secoué. Ce que l'on avait considéré jusque-là comme impossible et déraisonnable, à savoir chercher l'ennemi dans son propre repaire et l'y provoquer au combat, devenait maintenant réalité. Le Mouvement dans le Reich tout entier nous épaulait. De tous les coins et recoins du pays, des dons en argent nous parvenaient pour les S.A. blessés. Nous fûmes ainsi en état de leur accorder un minimum de soins et de protection. Les militants de la première ligne avaient l'impression rassurante que derrière eux se tenait un grand Mouvement, qui suivait leur lutte d'un cœur battant chaleureusement.

Le mouvement était déclenché. Dans de longues colonnes de camions, la S.A. berlinoise s'ébranla vers la province. Un défilé suivait l'autre. À Kottbus fut organisé un congrès de la liberté national-socialiste, qui s'acheva par une sanglante provocation policière. À Berlin, les réunions se succédaient. Nous lançâmes un second défi au K.P.D. Quatre jours après la bataille des Salles Pharus nous appelâmes à une nouvelle démonstration de masse à Spandau. Une fois de plus, le *Rote Fahne* se déchaîna, tremblant d'indignation, et déclara qu'il fallait en finir une fois pour toutes.

Mais c'était bien trop tard, la digue était rompue. Jusqu'au dernier homme, la S.A. berlinoise occupait la salle. Il ne servit à rien aux Combattants du Front Rouge d'avoir réparti leur troupe de choc en tous sens à travers les rues. Sans doute, quelques timorés de notre Parti tentèrent-ils de me faire momentanément renoncer aux provocations à l'égard du K.P.D. déjà surexcité, mais ce fut en pure perte.

De Berlin, nous remontâmes la Heer Strasse dans six autos, car nous avions appris que des groupes épars du K.P.D. voulaient nous empêcher de passer. Dans un restaurant discret, au milieu d'un bois, derrière Spandau, nous avions installé notre quartier général, et de là, nous nous rabattîmes sur la ville. Le K.P.D. ne put, comme il en avait l'intention, disperser notre réunion. Après la dislocation, il y eut bien, dans la Putlitz Strasse, une fusillade assez sanglante où nous eûmes encore quelques blessés, mais nous avions néanmoins vaincu.

La tentative d'étouffer dans le sang le jeune Mouvement national-socialiste qui perçait en plein fief marxiste, avait échoué sur toute la ligne. Nous avions beaucoup appris au cours de cette lutte. Une fois de plus, le front unifié que nous connaissions depuis longtemps s'était reformé contre nous. Qui comparait en ces journées le *Berliner Tageblatt* [15] avec le *Rote Fahne* [16], pouvait à peine constater une différence. Tous deux voyaient en nous des trouble-fête. Tous deux se sentaient menacés par nous dans leur puissance. Tous deux appelaient la police à leur secours. Tous deux tentaient d'ameuter contre nous la force publique qui, maintenant que la terreur semblait avoir échoué, se devait d'intervenir pour sauver la situation.

Le Mouvement avait eu son baptême du feu. Il n'avait pas hésité à aller chercher l'ennemi dans son propre repaire, l'avait contraint au combat, et avait mené la lutte avec l'énergie du désespoir.

Homme de la S.A. ! Ce mot, jusque-là encore tout à fait ignoré et inconnu à Berlin, était maintenant tout d'un coup entouré d'un halo de gloire et de mystère. Les amis le prononçaient avec admiration, et les ennemis avec haine et crainte. L'esprit témérairement offensif de cette troupe lui acquit dans le plus bref délai tout droit de cité et de considération. Elle avait prouvé par son action qu'on peut s'imposer malgré les circonstances les plus défavorables, si on s'appuie sur la passion politique, une hardiesse fantastique et un mépris souriant ! La terreur, dans la mesure où elle s'était attaquée à nos réunions, était brisée ; la renommée d'invincibilité enlevée au bolchevisme, le mot

---

[15] Homologue du *Figaro*.
[16] Homologue de *L'Humanité*.

d'ordre « *Berlin restera rouge !* » démenti et périmé.

Nous avions marqué un point. Face à la terreur la plus sanglante qu'on voulait exercer contre nous, nous nous affirmions prêts à résister.

Nous n'étions plus loin du moment où ce front de la résistance, qui défendait ses premières positions, allait attaquer sur toute la ligne !

Chapitre IV

Le S.A. inconnu

Le S.A. inconnu ! Ce mot, lancé pour la première fois dans la foule aux Salles Pharus après une sanglante bataille, courut dans tout le mouvement comme une traînée de poudre. C'était l'expression virtuelle de ce soldat politique au combat, qui s'était dressé dans le national-socialisme, et qui se tenait sur la défensive face à la menace planant sur le peuple allemand.

À l'époque, ils n'étaient que quelques milliers dans tout le Reich et en particulier à Berlin, qui entreprirent témérairement de porter la chemise brune et de se marquer ainsi du sceau de paria de la vie politique. Mais ces quelques milliers d'hommes avaient ouvert d'une manière décisive la voie au Mouvement. C'est à eux qu'on est redevable de ce que les préliminaires ne purent être étouffés dans le sang.

Plus tard, on voulut savoir si « S.A. » était l'abréviation de *Sportabteilung* [17] ou de *Sturmabteilung*. La chose était totalement indifférente. Car l'abréviation est déjà devenue un concept en soi. Elle évoque pour toujours le type de soldat politique, par lequel la nouvelle Allemagne fut représentée pour la première fois dans le Mouvement national-socialiste.

Le S.A. ne peut être comparé en aucune manière avec un membre d'une quelconque ligue. Ces dernières, par essence, sont apolitiques, patriotiques dans le meilleur des cas, mais toujours dépourvues d'objectifs politiques. Aujourd'hui, le patriotisme est une affaire qu'il nous faut dépasser. Le S.A. n'a

---

[17] Ce qui signifie *« Section de Sport »*. Il semblerait que la S.A. se soit formée à partir d'une société de sport.

pas de prédécesseur dans l'ancienne Allemagne. Il a jailli des forces politiques explosives de l'après-guerre. Ce n'était et ce n'est pas sa tâche d'offrir des services de rabatteur en marge de la politique aux puissances d'argent, ou de garder des coffres-forts bourgeois comme des vigiles et des pointeaux d'usine. Le S.A. est né de la politique et ainsi déterminé, une fois pour toutes, pour la politique.

Il se distingue des camarades ordinaires du Parti en prenant sur lui un supplément d'obligations précises envers le Mouvement, surtout celle de le protéger quand il est en butte à la force brutale, et de briser la terreur qui lui est opposée. Il est bien connu que le marxisme a grandi par la terreur. Il a conquis la rue par le terrorisme, et comme personne dans les partis bourgeois ne s'est opposé à lui, il l'a représentée jusqu'à l'apparition du Mouvement national-socialiste. Les bourgeois considéraient qu'il était vulgaire et peu distingué de descendre dans la rue, de manifester et prendre fait et cause pour un idéal.

Mais à l'heure actuelle, c'est dans la rue que se fait la politique moderne. Qui peut conquérir la rue, peut aussi conquérir les masses, et conquiert ainsi l'État. À la longue, seul le déploiement de la force et de la discipline en impose à l'homme du peuple. Une idée juste, défendue avec des moyens appropriés et imposée avec l'énergie nécessaire, gagnera toujours en définitive les grandes masses.

Le S.A. symbolise la force virtuelle et populaire du Mouvement national-socialiste devant le monde entier et l'opinion. Là où l'on passe à l'attaque contre lui, il le défend par tous les moyens. C'était à vrai dire plus facile à dire qu'à faire en ce temps-là, car le marxisme prétendait seul tenir la rue, et ressentait comme un défi qu'une autre opinion osât même se manifester. Au cours du temps, les partis bourgeois s'étaient lâchement soumis à cette prétention et n'avaient jamais élevé la moindre opposition. Ils avaient laissé le champ libre au marxisme et se contentaient, quant à eux, de défendre au Parlement et dans les groupements économiques les positions chancelantes de la démocratie libérale. Ce faisant, ils n'avaient plus la moindre particularité agressive, et le marxisme n'avait eu aucun mal à les culbuter, dans un élan massif hardi et téméraire, et à le repousser une fois pour toutes sur des positions strictement défensives.

L'assaillant est toujours plus fort que le défenseur. Et si la défense est menée avec des demi-moyens insuffisants, comme c'est le cas dans la bourgeoisie, l'adversaire, poussant son offensive, enlèvera rapidement position sur position, jusqu'au moment où il rejettera de force le défenseur hors de ses derniers retranchements.

Telle était la situation dans le Reich depuis la révolution de 1918. À Berlin, plus encore, cette situation s'était cristallisée en un état de fait tout naturellement accepté : il semblait que les partis marxistes avaient seuls le droit de revendiquer la rue pour eux. À toute occasion leur semblant propice, ils faisaient appel aux masses, et par dizaines et centaines de milliers, ils défilaient au Lustgarten, pour étaler aux yeux de l'opinion l'image de leur puissance numérique, dans laquelle ils voulaient voir le reflet d'une force populaire intacte.

Le national-socialisme sentait qu'il ne pourrait jamais conquérir les masses, s'il ne proclamait lui aussi son droit à la rue, et s'il ne l'arrachait au marxisme avec témérité. Nous savions qu'il faudrait livrer de sanglants combats : les services officiels, qui étaient pour la plus grande part aux mains de la social-démocratie, n'étaient nullement disposés à faire intervenir l'État pour garantir les mêmes droits à tous les citoyens, ainsi que l'aurait exigé la Constitution. Nous fûmes donc contraints de nous assurer la protection que les organismes de l'État nous refusaient. Nous étions sans cesse placés devant la nécessité de garantir la réalisation régulière de notre action publique, grâce à une formation défensive privée. Car le marxisme avait très vite reconnu dans le national-socialisme son unique adversaire sérieux, digne de considération, capable à la longue de lui arracher les masses prolétariennes marchant encore derrière l'idéologie de classes internationales[18] et de les incorporer dans un nouveau front nationaliste et socialiste en constitution.

Le S.A. est né de toutes ces considérations. Il correspondait au besoin naturel de protection du Mouvement national-socialiste dont il était le soldat politique. Il se déclarait prêt à défendre ses conceptions par tous les moyens, et si cela était nécessaire, à répondre par la violence à la violence.

L'accent est mis ici sur le côté politique. Le S.A. est un soldat politique. Il sert à la politique. Il n'est ni un mercenaire, ni un spadassin. Il a foi en ce qu'il défend et sait pourquoi il intervient.

L'organisation de la S.A. fait partie de l'armature d'ensemble du Mouvement national-socialiste. Elle est l'épine dorsale du Parti. Le Mouvement tiendra et tombera avec elle.

Des éléments, qui ne sont entrés que tardivement dans le Parti, ont tenté de falsifier cette conception. Ils voulurent séparer l'organisation de la S.A. de celle du Parti, l'abaisser en quelque sorte au niveau d'un instrument, qui ne fut mis à la disposition du Parti qu'en cas de besoin, d'appel pressant, ou même suivant la libre appréciation de ses chefs. Cela est le contraire exact de l'idéal qui a présidé à la naissance de la S.A. Ce n'est pas le Parti qui est issu de la S.A., mais la S.A. qui est née du Parti. Ce n'est pas la S.A. qui détermine la politique du Parti, mais le Parti la politique de la S.A. Il ne peut ni ne doit être toléré que la S.A. mène une politique privée, ou même tente de dicter à la direction politique son cours. Les responsables déterminent la politique. La S.A. a l'obligation d'agir pour la réalisation de cette politique.

C'est pourquoi il est nécessaire que le S.A. soit, au plus tôt, formé et éduqué dans la conception globale qu'il sert. Il ne doit pas agir d'une façon distraite et indécise pour quelque chose qu'il ne connaît et ne comprend pas du tout. Il doit savoir

---

[18] Goebbels reprend volontairement là l'expression habituelle des journaux communistes.

pourquoi il combat, car c'est seulement par cette connaissance qu'il éprouvera la force de se dévouer totalement à sa cause.

Les gazettes juives tout particulièrement ont poursuivi l'organisation de la S.A. d'une haine sans exemple. Comme on ne pouvait sérieusement mettre en doute que la S.A. servait l'idéal national-socialiste avec un fanatisme aveugle et un esprit de sacrifice héroïque, les scribouillards tentèrent d'attribuer cette attitude à des motifs faux et mensongers. On tenta de faire croire à l'opinion que le S.A. n'était qu'un spadassin corrompu, un mercenaire, prêt à risquer sa vie pour de l'argent. La conception moyenâgeuse du mercenaire, disait-on, était ressuscitée dans le S.A. Le S.A. lui-même ne soutenait en définitive que celui qui lui promettait et lui fournissait le meilleur fourrage et la plus haute solde.

Des éléments déloyaux, qui s'étaient glissés dans le Mouvement national-socialiste et occupèrent un moment de hauts postes de commandement, dont le plus haut[19], à la S.A., ont fourni un aliment à ces mensonges par leur excitation inconsciente. Ils tentèrent de déclencher à partir de la S.A. une lutte d'influence contre le Parti et motivèrent toujours leurs buts perfides et indignes par les réclamations et revendications matérielles de la S.A. L'opinion en a fréquemment conclu que la S.A. était appointée par le Parti en proportion de ses services et que le Mouvement national-socialiste posséderait en elle une troupe de mercenaires, téméraire, corrompue, et prête à tout. Il n'y a pas d'idée plus fausse et plus erronée que celle-ci. Non seulement le S.A. n'est pas payé pour son service auprès du Parti, même quand ce service est dangereux et parfois sanglant, mais en outre il doit encore accepter des sacrifices matériels inouïs, surtout en période de haute tension politique. Tous les soirs et quelquefois des nuits entières, il veille pour le Mouvement : pour protéger une réunion, coller des affiches, distribuer des tracts recruter des adhérents, collecter des abonnements pour le journal, amener un orateur au lieu de son

---

[19] Allusion probable au capitaine Stennes, ancien chef des S.A. de Berlin, exclu du N.S.D.A.P. en 1930 pour insubordination.

discours et l'escorter jusque chez lui. Il n'est pas rare que des groupes de S.A., dans des campagnes électorales passionnées, dorment tour habillés des semaines entières. A six heures de l'après-midi, ils entrent en service pour la nuit entière. Lorsque ce service touche à sa fin, ils doivent être à nouveau debout à l'usine ou à l'atelier.

Un tel héroïsme politique ne méritait pas l'accusation de vénalité. Et, d'ailleurs, on chercherait en vain des individus capables, pour de l'argent, de pousser si loin l'esprit de sacrifice. L'argent incite bien à vivre, mais rarement à mourir. La direction du Parti national-socialiste n'a fait qu'agir très justement en écartant sans ménagement de l'organisation les éléments qui pouvaient donner à la S.A. une réputation de vénalité ; car ils ont causé au Mouvement la pire offense qu'on pouvait lui faire. Ils sont responsables du fait qu'aujourd'hui n'importe quel plumitif se croit permis de traiter les courageux soldats politiques de notre Mouvement de spadassins appointés. Nous ne nous doutions que très peu de tout cela au moment où l'idéal S.A. commençait juste à s'implanter dans la capitale du Reich. La direction politique avait appelé à la lutte, et la S.A. avait répondu immédiatement en se mettant à sa disposition. Oui, la S.A. fut l'outil des affrontements décisifs qui, par-delà l'interdiction et la répression, devaient mener à l'ascension glorieuse du Mouvement dans la capitale du Reich.

La S.A. porte une tenue uniformisée : chemise brune et képi brun. On a cru pouvoir en déduire que la S.A. serait une formation militarisée. Cette opinion est fausse. La S.A. ne porte pas d'armes, et n'est pas entraînée à l'action guerrière. Elle sert la politique avec les moyens de la politique. Elle n'a rien à voir avec les nombreuses associations d'anciens combattants, en majorité issues des Corps Francs. Ces ligues prennent en général leurs racines dans la vieille Allemagne. La S.A., en revanche, est l'incarnation de la jeune Allemagne. Elle est consciemment politique. La politique est son sens, son but et sa cause.

Le Mouvement national-socialiste s'est aussi constitué sa propre troupe de propagande, la plus active de la S.A. Il a pu s'appuyer sur elle dans toutes ses actions de propagande, prenant ainsi un avantage considérable sur les autres partis, qui doivent consacrer des moyens financiers énormes à toutes leurs campagnes. Pour cette même raison, on a, par la suite, fréquemment reproché à la direction du Parti national-socialiste d'avoir rabaissé la force révolutionnaire du Mouvement à des tâches de propagande dignes d'une troupe de colleurs d'affiches bourgeois. Ces reproches ne tiennent aucun compte de l'essence même de la propagande. Un combat politique moderne doit être livré avec des moyens politiques modernes. Et le plus moderne de tous les moyens, c'est bien la propagande ; en même temps qu'elle est l'arme la plus dangereuse et la plus efficace qu'un mouvement politique puisse utiliser. Il y a des moyens de lutter contre tous les autres procédés, mais la propagande est irrésistible dans ses effets. Si par exemple une clientèle marxiste est ébranlée ne fût-ce qu'un instant dans sa foi, elle perd confiance dans le marxisme, la voilà pour ainsi dire déjà vaincue ; car elle abandonne instantanément toute sa force de résistance active. Ce en quoi l'on ne croit plus, on ne le défend plus, et on est encore moins disposé à livrer des assauts en sa faveur.

Quand la S.A. fait de la propagande, elle n'emploie donc qu'un procédé moderne de lutte politique. Cela ne va nullement contre ce pour quoi elle a été créée et ne va pas à l'encontre du but pour lequel elle combat.

On a également souvent dit que le travail de la propagande moderne est en contradiction avec l'esprit militaire prussien, dont le dernier fidèle est la S.A. nationale-socialiste. Il aurait été tout à l'avantage de la vieille Prusse de se servir de l'arme de la propagande politique plus souvent et avec plus de résolution qu'elle ne l'a fait. La vieille Prusse n'a tenté d'en imposer au monde que par ses réalisations. Mais à quoi sert la plus belle des performances si elle est diffamée et calomniée à l'étranger et si le mensonge compromet ce que le labeur et la capacité ont édifié ! Nous l'avons particulièrement éprouvé pendant la guerre et pour le plus grand malheur de la nation allemande. Nos ingénieurs découvraient des parades à toutes les armes que l'ennemi inventait et mettait en ligne contre nous. Nous avions des masques à gaz et des canons de D.C.A. Seule nous faisait défaut une propagande mondiale organisée à grande échelle par l'État, capable de répliquer du tac au tac à la campagne de mensonges éhontés de l'Entente. Nous étions livrés sans défense à la propagande belliqueuse de la coalition ennemie. Des années durant, on montra à l'étranger ces fameux enfants belges, à qui « *des soldats allemands avaient coupé les mains à coups de hache* », ou bien l'on présenta dans des films, au théâtre et dans la presse les « *atrocités* » des officiers allemands à un public qui avait la larme facile. Dans cette psychose massive, la finance américaine put exciter les États-Unis à entrer en guerre, la coalition ennemie put insuffler à ses soldats la conviction qu'ils partaient en lutte pour la civilisation et l'humanité et contre la barbarie et la suppression menaçante de la culture.

Quand le Mouvement national-socialiste tient compte des amères conséquences des négligences néfastes du côté allemand, il prouve seulement par là qu'il est bien éloigné d'être réactionnaire et qu'il n'adore nullement le passé, sans le comprendre, tout simplement parce que c'est le passé. Si la S.A. a été très tôt formée à utiliser et à employer sans ménagement l'arme de la propagande, cela ne contredit aucunement le caractère combatif de cette formation. La propagande n'est qu'une nouvelle forme d'expression du combat politique moderne, tel qu'il est devenu sans conteste nécessaire depuis l'implantation du marxisme et l'organisation des masses prolétaires.

Mais mieux que toutes les représentations théoriques, le succès prouve combien nous eûmes raison de nous servir de ce procédé. Aux hurlements de rage du marxisme, nous constatâmes très vite que nous le harcelions de notre propagande massive, et que nous causions des blessures catastrophiques à ses organisations.

Évidemment, les partis marxistes ne s'en accommodèrent pas sans broncher. Ils organisèrent leur défense, et comme ils n'avaient guère d'arguments idéologiques à opposer à notre démonstration politique, logique et soigneusement élaborée, ils eurent recours à la force brutale. Notre Mouvement fut menacé d'une terreur sanguinaire qui n'a jusqu'à ce jour non seulement pas décru, mais s'est aggravée de mois en mois et de semaine en semaine. À cette époque surtout, alors que le Parti à Berlin était encore peu développé, la S.A. en tant qu'élément du combat actif de notre Mouvement, eut à supporter le pire. Le S.A., du fait qu'il portait la chemise brune, se voyait déjà désigné comme l'homme à abattre. On l'assommait dans les rues et on le poursuivait partout où il osait se montrer. À chaque réunion, il risquait sa vie. Tous les soirs, les marxistes agressaient nos camarades et les hôpitaux ne tardèrent pas à être remplis de S.A. grièvement blessés. L'un avait un œil crevé, l'autre une fracture du crâne, un troisième gisait avec une balle dans le ventre. Une véritable saignée héroïque et discrète affaiblissait régulièrement les rangs de la S.A. berlinoise. Et plus nous implantions solidement notre bannière révolutionnaire sur l'asphalte de la capitale du Reich, plus les sacrifices que l'organisation en son ensemble et la S.A. en particulier avaient à fournir, devinrent importants et insupportables.

On ne saurait nous tenir rigueur de glorifier cette lutte héroïque et d'entourer la S.A. de l'auréole du militantisme politique. Ce n'est qu'ainsi que nous pouvions lui donner le courage de continuer à persévérer opiniâtrement. Et nous ne nous sommes jamais lassé de montrer à nos militants qu'ils se dévouaient à une grande cause, digne de leurs énormes sacrifices.

De temps à autre la S.A. berlinoise sortait de Berlin par un glacial dimanche d'hiver. Elle marchait alors en colonnes serrées dans la neige, la pluie et le froid, à travers les villages et les bourgs écartés de la Marche, pour recruter et faire de l'agitation en faveur du Mouvement national-socialiste. Si l'on nous refusait un abri dans un village, une étable était alors rapidement aménagée chez un sympathisant. Nos orateurs y parlaient ensuite devant la population étonnée. Et nous ne partions jamais d'un village sans y avoir établi un premier point d'appui solide pour le Parti.

C'est à cette époque que notre dessinateur Mjolnir composa son entraînante série de S.A. au combat : six cartes-postales d'un graphisme animé, passionné, témoignages artistiques du sanglant combat que nous livrions pour la capitale du Reich. On se souvient du fusain devenu célèbre d'un S.A. blessé, avec cette légende :

« *Pensez à nous ! S.A. Berlin !* »

Ce fut comme si la foudre galvanisait le Mouvement. Tous les regards se dirigèrent sur l'héroïque S.A. berlinoise La lutte pour la capitale du Reich devint d'un seul coup populaire dans tout le pays. Le Mouvement dans tout le Reich suivit d'un cœur palpitant la progression vertigineuse du Parti à Berlin.

« *Notre drapeau flotte dans le ciel.* »

Ce mot d'ordre entraînant, figurant sur l'une des six cartes-choc, se justifiait maintenant. Malgré la terreur et la persécution, nous avions maintenant planté la flamme de l'idéal national-socialiste sur notre sol et jamais plus — c'était notre résolution intangible — on ne réussirait à l'abattre.

Il était très difficile d'héberger nos camarades blessés, de les soigner et de veiller sur eux. Dans les hôpitaux publics de Berlin, en général municipaux, le personnel subalterne était fortement noyauté par les marxistes. Nous y avions fait de cruelles expériences avec nos blessés. Les soins étaient la plupart du temps très mauvais, et beaucoup de camarades se sentaient abandonnés de Dieu et des hommes aux mains d'un infirmier social-démocrate ou d'un médecin juif.

Quelques-uns de nos plus intrépides cogneurs eurent pour ainsi dire la tête constamment entourée de pansements... Il n'était pas rare que le même S.A. fût blessé à trois, quatre ou cinq reprises en l'espace de quelques semaines et se trouvât à chaque fois à l'hôpital. Nous tentâmes tout d'abord de nous tirer d'affaire en abritant nos blessés dans une infirmerie de fortune et en leur procurant par nos propres moyens, grâce à des dons qui venaient de tous les coins du Reich, un minimum de soins et de surveillance médicale.

Bientôt se constitua dans la S.A. une tradition affirmée et

combative. Les membres de cette cohorte avaient un dur combat à livrer mais ils étaient fiers, avec raison, de ce que leur engagement était total. Appartenir à la S.A., c'était appartenir à l'élite du Parti.

La S.A. se composait alors pour l'essentiel, et aujourd'hui encore, d'éléments prolétariens. Parmi ceux-ci, les chômeurs formaient le principal contingent[20]. Par nature, l'ouvrier ne se contente pas seulement de croire à un idéal politique, mais il est prêt à se battre pour lui. L'ouvrier ne possède rien, et celui qui n'a rien, se trouve toujours plus vite prêt à tout risquer pour une cause. Il n'a, en fait, rien à perdre que ses chaînes ; et c'est pourquoi il est capable de combattre pour ses convictions politiques avec beaucoup plus de dévouement et d'enthousiasme que le bourgeois. Celui-ci est en proie à de plus nombreux scrupules. Son éducation et sa formation, dès le départ, l'empêchent de s'engager pour un idéal politique avec la même fougue.

Le S.A. est quotidiennement obligé de tenir ferme pour la cause et d'acquitter éventuellement le tribut suprême du sang. Il doit s'attendre à être assommé dans l'obscurité par ses adversaires politiques, et se retrouver le lendemain matin sur une table d'opération. Seuls des êtres téméraires et convaincus possèdent, au fond d'eux-mêmes, la force requise pour mener une telle vie.

La puissance particulière de la S.A. repose sur le fait qu'elle se compose essentiellement d'éléments prolétariens. Mais ce fait provient aussi de ce que la S.A., et avec elle tout le Mouvement national-socialiste ne dérive jamais dans les eaux de la compromission bourgeoise. L'élément prolétaire, surtout le S.A., procure constamment au Mouvement cet élan révolutionnaire ininterrompu, qu'il a heureusement conservé jusqu'à aujourd'hui. Beaucoup de partis et d'organisations sont nés depuis la fin de la guerre et ont, après une courte ascension, à nouveau sombré dans les platitudes bourgeoises. La

---

[20] Écrit en 1931 (note de l'Ed.).

compromission les a tous pourris. Avec l'activité révolutionnaire de ses S.A., le Mouvement national-socialiste possédait la garantie que son esprit combatif resterait et que la grande passion politique de ses premiers débuts survivrait.

Par l'esprit et le caractère de la S.A., un style de vie très particulier se créa au fil des années. Le S.A. est un type politique nouveau, et en tant que tel, il a créé aussi dans son langage et son attitude cette forme extérieure qui correspond à son être intérieur. L'esprit de camaraderie, qui règne à tous les niveaux de la S.A., est digne d'admiration et constitue un exemple pour le Parti tout entier. Ouvriers et bourgeois, paysans et citadins, jeunes et vieux, en fusionnant dans la S.A. forment un bloc sans fissure.

Les distinctions de classe et d'origine disparaissent ; tous servent un idéal commun ; l'uniforme est l'expression d'une unique conviction. L'étudiant y tend la main à l'apprenti, et le marche aux côtés du fils de paysan. Les dangers et les privations sont supportés en commun et celui qui s'exclut de l'esprit de cette vaillante camaraderie n'a plus de place dans S.A. Les postes de chefs sont acquis au mérite, et ils doivent chaque jour être mérités à nouveau par une bravoure exemplaire. La langue de la S.A. est dure et populaire. On s'y tutoie exclusivement. C'est là que se constitue le nouveau front de la communauté populaire, qui, nous l'espérons, sera l'exemple et le noyau d'une nation allemande organisée sur une base nouvelle.

Dans le courant de mars 1927, on devait enfin se risquer à organiser le premier défilé dans la capitale du Reich. Un samedi soir, la S.A. fut rassemblée à Trebbin pour son premier grand Congrès de la Marche. À proximité d'un moulin, un gigantesque bûcher de bois fut embrasé et sous un ciel semé d'étoiles, la S.A. berlinoise prêta serment de ne pas abandonner quoi que ce soit de la cause commune, de continuer à la défendre, malgré la gravité et la menace des dangers. Le dimanche fut occupé par de grands rassemblements de la S.A. à Trebbin même et ensuite les unités partirent en train spécial pour la gare de Lichterfelde-Ost d'où devait s'ébranler dans la soirée le défilé vers l'ouest berlinois.

Aucun de nous ne se doutait que cette manifestation serait marquée par une grave et fatale effusion de sang.

Un fâcheux hasard voulut que dans le même train qui devait transporter la S.A. de Trebbin à Lichterfelde-Ost se trouvassent de forts groupes de l'Union des Combattants du Front Rouge, qui revenaient d'une réunion politique à Leuna. La police, habituellement si prompte à surveiller les nationaux-socialistes ou à passer au crible le moindre de nos discours politiques dans l'espoir d'y trouver une violation de la loi, fit preuve ce jour-là de négligence criminelle en laissant monter dans le même train pour un voyage de près d'une heure les adversaires politiques les plus extrêmes. Vu la tension de l'atmosphère politique à Berlin, des heurts sanglants étaient inévitables. Dès la montée dans le train à Trebbin, la S.A. s'était fait tirer traîtreusement dessus par les Combattants du Front Rouge ; et pendant le trajet, une petite guerre aux fatales conséquences se déclencha de compartiment à compartiment, se transformant en une véritable fusillade à l'arrivée en gare de Lichterfelde-Ost.

J'avais quitté Trebbin en voiture avec quelques camarades sans le moindre pressentiment de ces événements, pour préparer l'acheminement sans encombre de la S.A. en gare de Lichterfelde-Ost. Devant la gare, une foule immense de gens attendait déjà la S.A. pour l'accompagner dans son défilé à travers l'ouest berlinois.

Juste avant l'arrivée du train, la S.A. de Spandau, qui était partie de Trebbin en camions, atteignit la place devant la gare et s'aligna à proximité pour le départ du défilé. Le train entra en gare et pendant que les sympathisants attendant impatiemment à l'extérieur guettaient encore la S.A. qui arrivait, des coups de feu éclatèrent sur les quais. Du dehors nous les entendîmes avec surprise et sans comprendre exactement ce qui se passait. Au même instant, un camarade S.A. grièvement blessé était emporté hors de la gare et la foule épouvantée apprenait qu'à l'instant où le train repartait, la S.A. avait été mitraillée par les Combattants du Front Rouge, qui continuaient leur voyage jusqu'à la gare d'Anhalter et qui s'imaginaient manifestement en sécurité absolue dans leurs compartiments. À ce moment, un intrépide S.A. sauta dans un wagon du train en partance tira le signal d'alarme et fit s'arrêter le train...

Un chef S.A. gisait sur le quai atteint d'une balle au ventre, d'autres avaient été touchés aux jambes ou au bassin. Les unités de S.A. indignées à l'extrême voulurent se venger de leurs agresseurs. La bataille fut courte, mais d'autant plus efficace. Le destin voulut que parmi les communistes se trouvât l'un de leurs députés au Landtag. C'est ainsi que, cette fois, non seulement les égarés, mais aussi l'un des lâches meneurs fut atteint par la justice expéditive des victimes. Il fut très difficile de retenir la foule en délire et de l'empêcher de se laisser aller au pire. Sous les clameurs de colère et d'indignation, les communistes quittèrent la gare protégés par la police. En quelques minutes, l'ordre revint dans les groupes de S.A., le cortège se rassembla pour le départ, et peu après s'ébranlait en silence et avec décision, à travers ce sombre quartier, vers l'ouest berlinois.

C'était la première fois que le pavé de la capitale du Reich retentissait du pas des bataillons S.A. Ces derniers étaient parfaitement conscients de la grandeur de l'instant. À travers Lichterfelde, Steglitz, Wilmersdorf, le cortège atteignit le centre et déboucha à l'heure du trafic de pointe au beau milieu de la Wittenberg-Platz. Un peu plus tard, dans la soirée, certains Israélites particulièrement insolents reçurent quelques paires de gifles et cela fournit à la presse juive, le lendemain, l'occasion qu'elle attendait pour relancer sa campagne d'excitation et de haine.

Les plumitifs se surpassèrent en colère et en fantastique calomnie. La « *Berliner Tageblatt* » parlait déjà d'un pogrome. Pour la première fois apparut alors dans les colonnes de la presse capitaliste l' » *inoffensif passant d'aspect juif* » ; ce passant inoffensif, dont on voulait laisser croire qu'il avait été assommé par de sombres brutes, uniquement parce qu'il avait l'air d'un juif. Des « *témoignages oculaires* » remplissaient les colonnes de la presse juive affolée. On appelait à l'autodéfense, on criait, menaçait et faisait du tapage, on sollicitait la police et l'État, on réclamait impétueusement que l'impudente conduite des zélateurs de la croix gammée ne fut plus tolérée. On déclarait que la capitale du Reich n'était pas Munich, qu'il fallait résister dès le début ; ce qui s'étalait ici dans la rue, n'était plus de la politique, c'était du crime organisé, et les criminels devaient voir s'abattre sur eux la rigueur de la loi. Le *Rote Fahne* était de cœur et d'âme avec les journaux capitalistes. Les intérêts juifs étaient menacés, et voilà que s'effaçaient les différences politiques, d'ailleurs artificielles, établies entre les partis ; dans une indignation tremblante, tout Israël éleva cette revendication *« jusqu'ici mais pas plus loin ! »*.

Interdiction ! Interdiction !

Des jours difficiles s'annonçaient pour nous. Le destin du Mouvement était suspendu à un fil. Il s'agissait d'être ou ne pas être. Certes, une interdiction pouvait cette fois encore être évitée Mais nous savions maintenant que nous étions mûrs pour la mise hors-la-loi et nous étions convaincus qu'à la première occasion favorable, elle serait prononcée contre nous. D'autre part, nous croyions fermement que le Mouvement s'était si bien consolidé qu'il finirait par triompher en définitive de toutes les résistances, y compris le terrorisme et la dissolution. Inflexibles et conséquents, nous poursuivîmes le combat pour la capitale du Reich, sans nous laisser impressionner le moins du monde par la peur ou la crainte d'une interdiction imminente.

La S.A. avait subi sa première grande épreuve. Bien plus tôt que le Parti lui-même, elle devait surmonter la crise et commencer le combat. En quelques semaines à peine, les limites imposées à l'ancienne petite secte avaient éclaté, le Mouvement possédait un nom et un rang. Certes, les blessés remplissaient les hôpitaux et les plus gravement atteints reposaient dans notre propre clinique. Quelques-uns étaient dans le coma.

Par douzaines, les S.A. étaient appréhendés sans motif, et jetés en prison. Après une longue et épuisante enquête, il y eut un procès où le S.A., qui n'avait fait que défendre sa vie, était au banc des accusés, alors que le lâche provocateur communiste était à la fois témoin et accusateur. Ni chez la police, ni auprès du gouvernement, nous ne trouvions la protection à laquelle la Constitution nous donnait droit. Qu'aurions-nous pu faire d'autre que de chercher à nous aider nous-mêmes ? Nous n'étions pas encore un Parti de masse qui en imposât par ses effectifs. Le Mouvement était un petit groupe perdu, qui partait avec un désespoir farouche à l'assaut de la capitale du Reich.

Méprisés, brocardés, et honnis, couverts de crachats, calomniés par les lâches, considérés comme des parias et désignés comme les hommes à abattre, les S.A. berlinois marchaient derrière le drapeau rouge flamboyant à croix gammée, confiant en un avenir meilleur.

Il est impossible de citer tous ceux qui se sont acquis des mérites inoubliables dans la progression du Mouvement à Berlin. Ceux qui ont donné leur sang et leur vie ne seront pas inscrits isolément au livre de l'histoire du Parti. Mais la S.A. dans son ensemble, en tant que formation de combat politique, sa volonté activiste, son action courageuse et ferme, son héroïsme tranquille et sobre, sa geste disciplinée, tout cela sera inoubliable dans l'histoire du Mouvement national-socialiste.

Il n'y a pas d'individualité championne de cette fière attitude. C'est l'organisation dans son ensemble, la S.A. en tant que troupe, l'armée brune en tant que Mouvement. Mais, émergeant de tout cela, le type combattant de cet esprit, le S.A. inconnu, silencieux, exhortant et exigeant, dresse son visage éternel. C'est ce soldat politique, qui s'est levé dans le Mouvement national-socialiste, faisant son devoir au service d'un idéal, muet et indifférent à la gloire, obéissant à une loi que parfois il ne connaît même pas et qu'il ne cerne qu'en laissant parler son cœur. Devant lui, nous sommes saisis de respect...

Chapitre V

Sanglant Essor

Avant l'apparition du marxisme, la terreur en tant que procédé de lutte politique était parfaitement inconnue. C'est à la social-démocratie qu'allait échoir le privilège de l'employer pour imposer ses idées politiques. La socialdémocratie est la première organisation partisane de l'idéologie de lutte de classe marxiste. Elle se réclame du pacifisme, mais cela ne l'empêche pas de propager dans tout le pays les germes de la plus sanglante des guerres civiles. Lorsque la social-démocratie fit sa première apparition politique, l'État bourgeois solidement structuré se dressait en face d'elle. Les partis parlementaires s'étaient déjà consolidés et cristallisés et il semblait impossible de toucher la masse par les voies démocratico-parlementaires.

Si la bourgeoisie avait reconnu et combattu dès le début le danger marxiste, non pas seulement dans ses symptômes, mais aussi dans sa cause, il aurait été alors impossible au marxisme d'acquérir un support appréciable. L'ouvrier allemand, par sa nature et son tempérament, n'a l'esprit ni internationaliste, ni pacifiste. Il est bien un fils du peuple allemand, nationaliste et vaillant. Ce ne fut que parce que le marxisme lui enseignait que l'on ne pouvait parvenir à la dictature du prolétariat qu'en passant par le seul internationalisme pacifiste, que l'ouvrier allemand accepta cette idéologie spécifiquement étrangère à son être. Contrairement à ce que pouvait laisser croire son nom, la social-démocratie, à ses débuts, ne fut pas du tout démocratique. Tant qu'elle fut dans l'opposition, elle poursuivit les mêmes buts que le communisme actuel avec exactement les mêmes moyens ; et ce n'est qu'après la mutinerie capitaliste de novembre 1918, alors qu'elle tenait solidement le pouvoir en main et qu'elle pouvait se consolider par des procédés parlementaires, qu'elle devint subitement démocratique.

Mais son passé prouve précisément le contraire. Il y était question de sang et de guerre civile, de terreur et de lutte de classes, on voulait anéantir les partis capitalistes, on ne se lassait pas de souiller les idéaux de la nation et de bafouer avec impudence et présomption le passé prestigieux du peuple allemand. On combattait sans réserve l'État bourgeois avec pour but l'édification de la dictature du prolétariat sur ses décombres.

Dans cette lutte, la terreur partisane a joué un rôle déterminant. Elle fut employée avec une telle absence de scrupules que les partis bourgeois n'eurent pas la moindre possibilité de s'y opposer par leurs propres moyens.

Ils n'eurent pas d'autre choix que de faire face à cette anarchie menaçante, avec l'aide de l'État, de la police et de l'armée, et ils fournirent ainsi à la social-démocratie, dès avant la guerre, l'occasion propice d'une calomnie et d'une provocation honteuse et infâme. Le lieutenant de la Garde, le casque à pointe, le policier brutal et borné, l'armée qui, au service du capitalisme, opprimait un mouvement de pensée, c'est dans ces limites que se propageaient les vulgarités éhontées et perpétuellement renouvelées de la presse marxiste, que l'Allemagne impériale souffrait sans réagir.

Ce fut la faute de la bourgeoisie si le marxisme put de cette manière ronger et saper les fondements de l'État, sans que celui-ci réagisse. L'autorité partait du principe qu'il fallait tolérer le marxisme et qu'en période d'épreuve, la social-démocratie ne pourrait s'exclure de la communauté nationale. La bourgeoisie politique fut systématiquement entretenue dans cette illusion.

Enfin le dernier représentant de l'Allemagne impériale a fait appel à l'alliance de traîtres professionnels avec ces mots :

« *Je ne connais plus de partis, rien que des Allemands !* » Ouvrant ainsi, en pleine guerre, la porte à l'anarchie marxiste.

En ces jours sinistres où Scheidemann[21] fut nommé secrétaire d'État impérial, l'histoire de l'Allemagne monarchique touchait déjà à sa fin. Une infâme excitation partisane de soixante années parvenait à ce résultat : l'effondrement de l'ancienne Allemagne. La social-démocratie, quittant les barricades, pénétrait dans les administrations.

À partir de ce moment, le marxisme modéré a changé de tactique. Les révolutionnaires sanglants qui avaient organisé sous le bonnet jacobin la révolution jusqu'à la chute de l'ancien Reich, se transformèrent, d'un seul coup, en bourgeois politiques gras et de bon renom, en frac et haut de forme. Ceux qui chantaient auparavant l'Internationale, proclamèrent maintenant le « *Deutschland über alles* » hymne national. Ils apprirent très vite à se déplacer habilement sur la scène diplomatico-parlementaire ; mais ils n'en avaient pas pour autant l'intention d'abandonner leurs buts particuliers.

La social-démocratie restera éternellement ce qu'elle a toujours été. Au mieux, elle acceptera de modifier momentanément sa tactique politique et les moyens qu'elle emploie dans la lutte quotidienne. Aussi longtemps qu'elle sera au pouvoir, elle ne jurera que par le calme et l'ordre et incitera l'intelligence bornée de ses sujets à respecter l'autorité de l'État. Mais dès qu'elle sera écartée du pouvoir, elle retournera à l'opposition, et les méthodes avec lesquelles elle combattra alors le gouvernement, seront exactement les mêmes dont elle se servait avant la guerre. La conception de l'État, derrière laquelle elle se dissimule avec duplicité et hypocrisie aujourd'hui, n'est chez elle qu'un prétexte. L'État pour un social-démocrate, c'est d'abord le parti. Celui-ci identifie ses intérêts égoïstement partisans avec l'intérêt de l'État, et quand un stratège du samedi soir parle de « *protection de la République* », il ne pense alors qu'à sa coterie qu'il veut faire échapper à la critique de l'opinion grâce aux lois de l'État. Le marxisme n'a

---

[21] Philippe Scheidemann (1865-1939), était membre du S.P.D. Il exerçait les fonctions de chancelier durant les soulèvements communistes de février et mars 1919 à Berlin et en Bavière notamment. Il démissionna en juin pour protester contre la clause du traité de paix.

jamais changé, et il ne changera jamais. Ce qu'est son essence, on le voit lorsqu'un jeune Mouvement politique se dresse contre lui et le défie. Alors le Parti social-démocrate retrouve brusquement ses méthodes du passé, et les mêmes procédés de combat qu'il refuse hypocritement à l'adversaire politique du moment et qu'il qualifie de méprisables, lui paraissent assez bons pour être utilisés sans vergogne précisément contre cet adversaire.

Le terrorisme a grandi avec la social-démocratie et aussi longtemps qu'il y aura une organisation marxiste en Allemagne, il ne disparaîtra plus du champ de bataille politique. Mais si le marxisme se sert sans scrupules de la terreur partisane, son adversaire politique ne doit en aucun cas déclarer de prime abord que de lui-même il renonce, même pour sa propre protection, à toute force brutale. Car il est ainsi entièrement livré à l'arbitraire du terrorisme marxiste. À la longue, cela devient d'autant plus insupportable que le marxisme s'est installé solidement depuis 1918 dans les administrations et les services publics, et ainsi fait dangereusement pendant à la terreur partisane ; car maintenant non seulement les bandes de matraqueurs du communisme assommeront en pleine rue toute tendance nationale et tous ceux qui manifestent une opinion opposée, mais en outre, les autorités et l'administration leur serviront encore d'auxiliaires ; il en résulte que le sentiment national est abandonné sans défense à la terreur de la rue et de l'administration.

Que de fois nos S.A., qui n'avaient fait qu'utiliser le droit le plus élémentaire de légitime défense, furent traduits devant les tribunaux et condamnés à de lourdes peines de prison et de travaux forcés comme fauteurs de trouble. On peut comprendre que sous de tels auspices l'opposition nationale en soit arrivée au point de laisser exploser son indignation. On prend à l'Allemagne nationale les armes avec lesquelles elle pourrait repousser elle-même la terreur. La police lui refuse la protection due à chaque citoyen pour sa vie et son intégrité physique ; et si finalement un pacifique individu défend sa vie avec l'énergie du désespoir, à poings nus, il est traîné devant les juges.

Aucune personne raisonnant objectivement, ne peut douter que la presse marxiste ne possède aucune espèce de mandat pour juger du national-socialisme par rapport au principe de l'ordre public. Le marxisme s'attaque par la terreur à toute opinion non-conformiste ; là où celle-ci se met en défense, la racaille journalistique, suivant la méthode bien connue, crie :

« Au voleur ! Arrêtez-le ! »

Pour alerter les juges. On cherche à faire croire à l'opinion que le national-socialisme menace le calme et la sécurité, qu'il sème la haine et la discorde entre les classes et les groupes sociaux, et que c'est la raison pour laquelle il est impossible, au fond, de lui reconnaître une valeur politique. Le gouvernement de sens national à venir aura le privilège de proclamer à nouveau le droit le plus élémentaire de la légitime défense pour l'Allemagne allemande. Aujourd'hui, on est arrivé à ce que celui qui ose encore se réclamer du germanisme est, par là-même, stigmatisé, désigné comme l'homme à abattre de la politique : de ce seul fait le marxiste en déduit qu'il a le droit ou bien plus qu'il est de son devoir de s'en prendre — fût-ce à main armée — aux tenants d'une telle opinion.

Les intentions que le marxisme manifeste en agissant ainsi, sont limpides. Il sait que sa puissance repose pour l'essentiel sur la domination de la rue. Aussi longtemps qu'il fût seul à pouvoir revendiquer la direction des masses et intervenir dans les décisions politiques sous la pression de la rue, il n'avait aucune raison de faire usage de la violence contre les partis bourgeois qui le toléraient en silence. Mais, du jour où le Mouvement national-socialiste fit son apparition et réclama les mêmes droits que le marxisme considérait comme son domaine réservé, la social-démocratie et le K.P.D. furent contraints d'y faire face par la terreur. Confrontés à une conception nationaliste basée sur la logique, les arguments intellectuels leur faisaient défaut et il fallut alors que le poignard, le revolver et la matraque comblent définitivement cette lacune.

Les partis bourgeois persistent toujours dans l'erreur de croire qu'il existe une différence de principe entre socialdémocratie et communisme ; ils veulent enlever à la social-démocratie ce qu'elle a d'extrême et la faire participer à la responsabilité politique de l'État. C'est à la fois insensé et inutile, car la social-démocratie n'assumera cette responsabilité que tant qu'elle dominera l'État. Dès qu'elle sera dépossédée de son droit de regard sur la politique, elle bafouera l'autorité, tentera de troubler le calme et l'ordre par des procédés terroristes et n'aura de cesse qu'elle ait abattu un gouvernement hostile.

La lâcheté des partis bourgeois face au marxisme est sans équivalent. Ils sont incapables de mobiliser le peuple et de mettre en mouvement les masses. Le bourgeois sera prêt, le moment venu, à voter pour son parti ; mais rien ne peut le décider à descendre dans la rue pour défendre les buts politiques qu'il poursuit.

Il en va tout autrement avec le national-socialisme. Au début il a lutté dans les parlements. Très tôt, il s'est servi des moyens de propagande modernes : tracts, affiches, réunions publiques, manifestations de rue. Ce faisant, il devait très vite se heurter au marxisme, et le combat devenait automatiquement inévitable. Nous n'avions plus finalement qu'à utiliser les mêmes procédés inaugurés par le marxisme, si nous voulions mener notre lutte à bonne fin. Le Mouvement national-socialiste n'avait aucun motif pour déclencher de lui-même la terreur partisane. Son but était de conquérir les masses, et il se sentait si sûr de son propre droit qu'il pouvait renoncer à toute violence. Il n'y recourut que lorsqu'on l'utilisa contre lui.

Et ce fut rapidement le cas : surtout en ces années-là, alors que le Mouvement national-socialiste était encore faible, que l'adversaire pouvait espérer arriver à l'étouffer dans le sang, qu'on assommait ses partisans dans les rues, en croyant le briser ainsi de l'extérieur et le contraindre à se dissoudre. Le marxisme avait l'intention de mettre à genoux le national-socialisme en utilisant les mêmes méthodes qu'il avait employées jusqu'alors avec un si grand succès à l'égard des partis bourgeois.

L'erreur était grossière... Dès le début, le national-socialisme avait reconnu la justesse du principe marxiste : il avait compris que dès les premiers dangers les menaçant, les marxistes s'empresseraient de recourir à la force brutale. C'est pourquoi il devait lui-même se résoudre à utiliser finalement les mêmes procédés.

Si le chemin du Mouvement national-socialiste est marqué de traces sanglantes, le sang versé n'est pas imputable à lui seul, mais à ces organisations marxistes qui ont élevé la terreur au niveau d'un principe politique et agi d'après ce principe durant des décennies.

Le marxisme ressent déjà comme une prétention éhontée qu'un parti non-marxiste en appelle aux masses, ose organiser des réunions populaires, descende dans la rue. La masse, le peuple, la rue, ce sont, comme le marxisme voudrait le faire croire, des domaines incontestés de la social-démocratie et du communisme. On laisse aux autres partis le parlement et les associations économiques. Mais le peuple ne saurait appartenir qu'au marxisme. Maintenant, le national-socialisme s'adresse précisément à ce peuple. Il en appelle à l'homme de la rue, il parle sa langue, l'entretient des besoins et des détresses qui l'oppressent, fait de la cause du peuple sa propre cause. Et voilà ainsi créé instantanément un danger menaçant pour le marxisme. Le national-socialisme a touché là le point faible de la social-démocratie et du communisme et les a attaqués sur la position où ils peuvent être vaincus. A long terme, on ne peut pas supprimer un mouvement d'opinion par les moyens mécaniques. Au contraire, la violence engendre toujours la violence et plus la pression devient vive, plus la réaction l'est aussi.

Ce n'est pas un signe d'intelligence, sans parler d'attitude révolutionnaire, de la part de la social-démocratie de tenter sans trêve d'opposer au national-socialisme la répression officielle. Le fait qu'elle veuille stigmatiser le national-socialisme comme fauteur de trouble caractérise bien son hypocrisie foncière. Cette tentative aurait partout et toujours misérablement échoué si, la presse bourgeoise s'était faite l'écho de la vérité et s'était refusée à fournir un appui aux agissements coupables et criminels du marxisme.

Il est vrai que la presse bourgeoise correspond tout à fait au manque de caractère des groupes parlementaires représentés par elle : on y veut la paix par amour de la paix. On s'y est plié aux exigences terroristes du marxisme, sans même oser murmurer. L'habitude en est prise.

Les partis bourgeois veulent coexister avec le marxisme, sans tenir compte que ce dernier n'acceptera de respecter la trêve politique conclue avec la bourgeoisie que si on lui donne raison en tout et pour tout et que si on lui laisse sa liberté de manœuvre.

Le Mouvement national-socialiste, lui, refuse ce compromis boiteux. Il a déclaré ouvertement la guerre au marxisme. Bien vite le terrain sur lequel ce combat fut livré, se couvrit de victimes ; et il importe de constater ici que l'opinion publique bourgeoise manqua partout du courage civique nécessaire pour se mettre franchement du côté du droit, bien qu'en cas de succès, les choses dussent tourner à son profit.

L'opinion publique se tait, quand les S.A. sont abattus dans les rues. Dans les journaux bourgeois, on bâcle une telle information en quelques lignes, en bas de colonne dernière page, sans le moindre commentaire. Comme s'il ne pouvait en être qu'ainsi. Les feuilles marxistes, elles, n'y font le plus souvent pas même allusion. Elles passent systématiquement sous silence tout ce qui est à la charge de leurs propres organisations ; et si elles sont contraintes à des explications sur des points précis, elles métamorphosent les faits, font de l'attaquant l'attaqué, et de l'agressé l'agresseur, poussent de hauts cris, en appellent à la force publique, mobilisent l'opinion contre le national-socialisme et tempêtent contre une terreur partisane qu'ils ont eux-mêmes inventée et introduite dans la politique... Et si d'aventure on touche un cheveu d'un assassin marxiste en se défendant, toute la presse hurle de colère et d'indignation. Les nationaux-socialistes sont présentés comme de vulgaires excitateurs sanguinaires, assassins d'ouvriers. On les accuse même de matraquer et d'abattre d'inoffensifs passants par pure volupté du sang versé. Pour de telles monstruosités, les journaux bourgeois n'ont de reste qu'un mutisme distingué. En revanche, ils abondent en commentaires lorsqu'un gredin marxiste subit en retour le juste châtiment de ses exactions. Mais jamais et nulle part, il n'est question en bien des nationaux-socialistes.

Cela se répercute dans les masses prolétariennes sous une forme particulièrement désastreuse ; du fait qu'on considère le national-socialisme comme étant de seconde zone, qu'on le taxe de rebut et de déchet de l'humanité, l'opinion s'est répandu dans le peuple qu'on n'a plus besoin de juger ce mouvement d'après des critères légaux. Une injustice, ressentie ailleurs avec irritation, devient ici toute naturelle. Un spadassin communiste, dont le travail habituel est le meurtre politique, ne peut qu'en être incité à céder à ses instincts brutaux. Il le sait d'avance : la presse sera muette, l'opinion publique lui donnera raison. Est-il cité devant un tribunal ? C'est en qualité de témoin, et au pire, si cela tourne mal, il s'en tirera pour port d'arme prohibée à deux mois de prison, qui seront encore diminués par l'octroi de circonstances atténuantes.

À force d'entendre parler des « *enfants politiques de la social-démocratie* », on s'est habitué à ne pas prendre au sérieux les communistes. On ne voit dans leurs sanglants excès que des débordements occasionnels, et on a pour eux la compréhension et la tolérance les plus larges. On ferme les yeux quand la presse communiste pousse à la guerre civile, et on garde un cœur compatissant pour le tchékiste stipendié qui abat lâchement, à la faveur de l'obscurité, un national-socialiste. On l'entoure de la même bienveillance soucieuse avec laquelle on aime, dans la presse à sensation, s'occuper d'un criminel sexuel ou d'un meurtrier aux nombreuses victimes.

Le S.A. supporte les conséquences de ces irresponsables agissements. Au milieu des lâches appels au meurtre, impunément lancés contre lui, il ne se sent plus qu'un homme à abattre. On peut le bafouer et le calomnier, le couvrir de crachats et le terroriser, le rosser et l'assassiner. Personne ne s'en émeut. Son propre parti n'a pas la possibilité de lui garantir une protection. Les représentants de l'État la lui refusent, la presse prend parti non pour lui, mais contre lui, et l'opinion publique estime tout à fait justifié qu'on le chasse hors des rues. Si le national-socialisme s'était jamais permis le centième des meurtres que le communisme a sur la conscience, les autorités l'auraient depuis longtemps frappé d'interdit absolu.

Mais on laisse subsister le communisme. On le regarde d'un œil à la fois amusé et contrit. Au fond, il ne fait que lutter contre un mouvement détesté de tous et à tous hostile, contre un parti considéré partout comme une concurrence irritante et importune, qu'on ne saurait combattre avec les seules mesures administratives et qu'il est préférable de laisser attaquer dans la rue.

Cette irresponsabilité révoltante devait avoir des répercussions terribles et lourdes de conséquences, surtout à Berlin. Cette ville de quatre millions d'habitants offre l'asile le plus sûr aux éléments politiques troubles. Le marxisme y est solidement incrusté depuis des dizaines d'années. Il y possède son centre intellectuel, d'où il distille le poison à travers tout le pays. Il y tient les masses bien en main et y publie une presse politique aux multiples ramifications. La police y est à son service. On peut y rabaisser le national-socialisme par tous les moyens, et on y est en définitive bien forcé, car si le national-socialisme conquiert Berlin, c'est en fait alors de la prédominance marxiste dans toute l'Allemagne.

On pense plus durement et avec moins de compassion à Berlin que dans toute autre ville du Reich. Le rythme à couper le souffle de ce monstre d'asphalte a rendu l'individu sans cœur et sans âme. La chasse au bonheur et la lutte pour le pain quotidien prennent à Berlin des formes plus atroces qu'en province.

Tout patrimoine est ici détruit. La capitale du Reich est peuplée de masses en mouvement auxquelles personne jusqu'ici n'a su donner une impulsion spirituelle et qui n'ont aucune discipline interne.

La misère sociale aussi produit dans cette ville de tout autres excroissances que dans le reste du Reich. Année après année, des milliers et des milliers de provinciaux montent sur Berlin pour y chercher un bonheur le plus souvent introuvable. Dans un élan pour se hausser, ils lancent un défi au destin pour retomber bien vite, découragés et apathiques, dans la masse amorphe du prolétariat anonyme de la grande métropole.

En fait, le prolétaire berlinois est un apatride. Il s'estime déjà comblé de pouvoir prolonger son existence, triste et mesquine, dans une quelconque arrière-cour d'un immeuble de rapport. Beaucoup sont condamnés, sans domicile et sans travail fixe à végéter dans les salles d'attente et sous les ponts de chemin de fer d'une vie de désespoir qui équivaut plutôt à un enfer.

Le marxisme trouva dans cette ville un terrain tout préparé pour ses tendances anarchiques et destructrices. Son idéologie sans rapport avec la réalité y trouvait des auditeurs qui ne demandaient qu'à croire. On l'y adopta volontiers et on crut en lui comme en une promesse divine de rédemption qui chasserait le besoin et la misère. Le marxisme avait solidement édifié ses positions à Berlin et lorsque le national-socialisme les attaqua, il se défendit en répandant ce mensonge : le Mouvement national-socialiste avait l'intention de briser et de diviser le prolétariat international et ses organisations de classe pour le livrer une fois pour toutes aux puissances du capitalisme. Dans ce combat définitif, la social-démocratie et le communisme étaient solidaires ; et à l'ombre de ce mensonge, les classes laborieuses ne virent plus dans le national-socialisme qu'un fauteur de trouble scélérat, un ennemi impudent des intérêts de la communauté ouvrière internationale.

Ailleurs qu'à Berlin le marxisme durant des années a seulement moqué, honni ou au pire calomnié le Mouvement national-socialiste. À Berlin, il entrevit, après une lutte d'à peine deux mois, la portée du sort qui le menaçait, et entreprit alors aussitôt d'utiliser cette terreur sanguinaire qu'il ne mit que trop tard en œuvre dans le reste du Reich, souvent à ses propres dépens.

C'est une vieille vérité que les persécutions n'abattent jamais que les faibles, mais que le fort en sort grandi, qu'il accroît sa force dans les difficultés et que toute violence qu'on emploie à son égard, durcit en définitive sa résolution. Il en fut de même chez nous. Le Mouvement a dû supporter l'indescriptible terreur marxiste. De temps à autre, nous fûmes bien près de désespérer. Mais, à la fin, la haine et une rage secrète nous entraînaient à nouveau.

Nous n'avons jamais cédé pour ne pas devoir offrir à nos ennemis le spectacle de notre effondrement sous la brutalité de leurs coups.

Le sang est le meilleur ciment. Chaque S.A. qui tomba, ou qui, sévèrement écharpé, quitta les rangs de ses camarades, leur transmit en dépôt résolution et indignation. Ce qui lui était arrivé pouvait bien un autre jour arriver à son coéquipier ; et si on l'avait frappé, c'était le devoir de ses camarades de faire en sorte que le Mouvement devienne plus fort et qu'on n'ose plus le frapper. Pour chaque assassinat ils étaient cent à se dresser. Le drapeau couvert de sang ne vacillait pas. Les mains fermes de ses porteurs le maintenaient de plus en plus résolument. Ce n'est pas nous qui avons voulu cette effusion de sang ; la terreur n'a jamais été ni un but en soi, ni un moyen d'atteindre le but. Le cœur lourd, il nous fallut opposer la violence à la violence, pour assurer la progression du Mouvement dans les esprits. Mais nous n'étions nullement disposés à renoncer sans murmurer aux droits du citoyen que le marxisme voulait revendiquer avec outrecuidance pour lui seul.

Nous le concédons volontiers : notre but était la conquête de la rue. Par la rue, nous voulions nous gagner les masses et le peuple, et au bout de ce chemin se trouvait le pouvoir politique. Nous y avions des titres : car, par la puissance, nous voulions défendre non pas nos propres intérêts, mais ceux de la nation. Ce n'est pas nous qui avons rompu la trêve, mais les marxistes qui, refusant de reconnaître à tous les mêmes droits, tentèrent d'abattre par la violence ceux qui s'avisaient de vouloir partager avec eux un droit qu'ils prétendaient avoir seuls le privilège de détenir.

La bourgeoisie nous remerciera peut-être un jour à genoux d'avoir rétabli en Allemagne, au prix de pertes sanglantes, le droit à la liberté d'opinion. Peut-être les gazettes bourgeoises reconnaîtront-elles en nous ceux qui les ont véritablement sauvées de l'esclavage spirituel marxiste et de la terreur oppressive bolcheviste. Nous n'aspirons pas à la sympathie des bourgeois, mais nous croyons pouvoir au moins compter sur l'hommage justifié et objectif de leur presse dans la lutte pour le rétablissement de la civilisation et de l'ordre véritable de la paix civile et de la discipline nationale.

Nous avons été déçus dans cet espoir ; et si aujourd'hui un mépris infini de la lâcheté bourgeoise se manifeste dans de vastes cercles du Mouvement national-socialiste, ce n'est pas la conséquence d'une excitation partisane, mais une réaction saine et naturelle face au manque de courage civique dont la bourgeoisie a constamment fait preuve à l'égard de notre Mouvement. Les motifs qu'avancent certains sophistes pour justifier cette attitude infâme ne nous sont pas inconnus. On a dit que la lutte telle que nous l'avons menée avait été peu distinguée et ne correspondait pas aux bonnes manières en usage dans les milieux bien éduqués. On nous considère comme vulgaires quand nous parlons la langue du peuple, qui de toutes façons ne peut ni s'entretenir, ni se comprendre avec un arrogant petit-bourgeois. Ce dernier veut la paix par amour de la paix, même s'il est victime d'une paix boiteuse. Lorsque le marxisme conquit la rue, il resta lâchement chez lui. Il se cacha derrière ses rideaux, tout intimidé et craintif, tandis que la social-démocratie chassait de l'opinion la manière de voir bourgeoise et renversait, dans une attaque massive, l'édifice de l'État monarchique. L'opinion publique bourgeoise s'allie contre le national-socialisme avec les plumitifs juifs. Elle creuse ainsi sa propre tombe et se suicide, par crainte de la mort.

Mais la communauté, dissimulée et hypocrite, qui relie la presse démocratico-marxiste à la presse communiste internationale dans la lutte contre le national-socialisme est particulièrement irritante. Contre nous, ils sont toujours d'accord. Quand il importe de traîner l'un de nos chefs devant les tribunaux, de dissimuler à l'opinion le meurtre d'un S.A. ou de protéger par un mensonge complice des fauteurs de trouble rouges, alors se reforme toujours ce criminel front unifié qui va de l'organe de lutte de classe la plus rouge jusqu'à la sérieuse feuille juive d'audience internationale. Ils frappent en chœur, et ne font pas mystère de leur alliance, criant au monde entier qu'ils étaient et sont frères, du même sang et de la même croyance.

Je me souviens encore aujourd'hui avec précision d'un épisode qui s'est déroulé au cours de ces mois sanglants et gros de malheur, après l'une de nos réunions publiques à Berlin. Les hordes communistes assiégeaient la salle où nous nous étions réunis, guettant le moment où nos S.A. sortiraient pour pouvoir les attaquer. Plusieurs jours auparavant, la presse avait vitupéré et appelé à l'action contre nous. La force publique nous refusait sa protection, et les gazettes bourgeoises observaient un lâche mutisme.

Peu avant la fin de la réunion, la police occupa les accès de la salle ; et alors qu'elle n'aurait dû, en toute logique, que se préoccuper de disperser les troupes de choc rouges rodant à l'extérieur, elle considéra que son devoir consistait uniquement à fouiller les S.A. quittant la réunion pour s'assurer qu'ils ne détenaient pas d'armes.

On trouva quelques canifs, quelques clés à molette, et peut-être aussi, mon Dieu, un coup de poing américain. Leurs possesseurs furent jetés dans les cars et conduits au siège de la police, Alexanderplatz. Une vague d'indignation s'empara de toute l'assistance. Alors un simple S.A. s'avança devant l'officier qui commandait les Schupos, retira sa casquette et demanda d'un ton modeste où l'irritation contenue était tout juste perceptible :

— *Et où, mon capitaine, pouvons-nous maintenant réceptionner les cercueils ?*

Ces quelques mots ironiques voulaient tout dire : le Mouvement national-socialiste était désarmé et sans défense. Il était abandonné de tous, livré à la proscription publique, et lorsqu'il se trouvait face à un péril mortel avec seulement quelques modestes moyens d'autodéfense, on l'envoyait devant les tribunaux comme fauteur de trouble. Bien rarement dans l'histoire, un mouvement d'opinion a été combattu aussi bassement et misérablement que le nôtre. Les partisans d'un nouvel ordre de choses ont eu rarement à fournir d'aussi grands sacrifices matériels et humains que nous pour imposer leurs buts, Mais jamais non plus la marche victorieuse d'un parti opprimé et persécuté n'a été aussi triomphale que celle de notre Mouvement. Il nous en a coûté du sang, mais ce sang nous a grandis, il a cimenté notre union. Nos martyrs vivaient dans l'esprit de nos bataillons et leur héroïque exemple procura aux survivants la force et le courage de persévérer. Nous n'avons capitulé devant aucune opposition. Dans cette lutte, le Mouvement resta inflexible car le destin lui-même l'avait forgé, tel l'acier le plus dur. Dès ses premières années, il fut en butte à des persécutions auxquelles n'aurait su résister aucun autre parti en Allemagne.

Qu'il ait triomphé, c'est la preuve indubitable qu'il était non seulement appelé, mais élu. Si le destin en avait décidé autrement, le Mouvement aurait été dès cette époque étouffé dans le sang. Mais il avait manifestement de plus grands desseins pour nous. Notre mission était inscrite dans l'Histoire et c'est pourquoi nous fûmes éprouvés, il est vrai, mais comblés, une fois l'épreuve passée.

Dans les années qui suivirent, le national-socialisme marcha de succès en succès. Plus d'un qui ne vint que tardivement à nous, pouvait à peine le concevoir. Il devait penser que nous avions la partie trop belle et craindre que le Mouvement finisse par étouffer sous ses propres triomphes.

Il oubliait alors, s'il l'avait jamais su, comment le Parti s'était imposé. Les succès ultérieurs n'étaient que le juste salaire de la constance passée : le destin ne nous a ni chéris ni gâtés il n'a fait que nous donner, avec générosité certes mais au bout d'une très longue attente, ce que nous avions mérité pendant des années par notre courage et notre opiniâtreté.

Alors que tout sombrait en Allemagne, qu'un système absurde revendait à la haute finance internationale les derniers vestiges de la propriété du peuple allemand, pour tenter de poursuivre une politique irréalisable et démentielle, nous avons déclaré la guerre à la décadence dans tous les domaines de la vie publique. A Berlin, ainsi que dans tout le reste du Reich, cette lutte fut entreprise par une poignée de militants fanatiques et résolus, et la manière, dont ils la menèrent, leur valut à la longue des amis, des partisans et des fidèles enthousiastes. De cent ils devinrent mille. De mille, cent mille. Et maintenant, au milieu de l'effondrement chaotique de l'ordre allemand, se dresse une armée de millions de combattants, opiniâtres et déterminés.

La voie qu'a suivie notre Parti était marquée de sang, mais la graine que nous avons semée a porté ses fruits. Nous avancions sur des tombes, mais nous allions de l'avant.

Chapitre VI

L'Interdiction

Le Préfet de Police de Berlin détient le pouvoir exécutif en Prusse et, comme Berlin est le siège du Reich, la politique allemande en général et prussienne en particulier se trouve pratiquement entre les mains du Préfet de Police berlinois. La Préfecture de Police de Berlin, plus qu'aucune autre dans tout le Reich, revêt en conséquence un caractère politique très marqué et le fauteuil de préfet est presque toujours occupé par un politicien.

Aussi longtemps que la social-démocratie fut dans l'opposition, le Préfet de Police de Berlin fut la cible favorite de sa haine, de sa critique, de son ironie et de sa démagogie mensongère. C'était naturellement le Préfet de Police de Berlin qui avait la charge du maintien de l'ordre dans la capitale du Reich. Il en résulta constamment de nouveaux conflits entre la force publique et la social-démocratie révolutionnaire. On sait comment le Préfet de Police de la monarchie prussienne, von Jagow, tenta de s'imposer face aux insolences marxistes par ce mot spirituel : « *La rue appartient à la circulation. Je mets en garde les curieux.* » C'était à une époque où la social-démocratie n'était pas encore dévouée à l'État, mais au contraire tentait de saper et de miner, par tous les procédés de la propagande, ce qu'elle appelait sa répugnante armature. L'Allemagne impériale n'avait plus aucun idéal à opposer au marxisme en expansion. C'est pourquoi elle manquait de la brutalité et de l'acuité intransigeante nécessaires pour réprimer les tendances destructives de ce dernier. Les conséquences de ce relâchement coupable apparurent le 9 novembre 1918, lorsque les masses en rébellion s'emparèrent du pouvoir exécutif et installèrent la social-démocratie révolutionnaire dans les fauteuils officiels. Dès ce moment, la social-démocratie vit dans le poste de Préfet de police de Berlin l'un de ses nombreux domaines politiques réservés. L'homme fort de l'Alexanderplatz fut depuis, sans exception, mis en place par ce parti. Malgré toute la corruption qui put fleurir et s'étendre par la suite dans cette administration, les partis coalisés avec la social-démocratie ne se déterminèrent pas, au moins dans la capitale du Reich, à retirer ce poste à l'organisation extrémiste.

En prenant possession de la Préfecture de Police de Berlin, la social-démocratie détenait les commandes. Il lui était désormais facile de procurer à sa propre organisation la possibilité de se développer en toute liberté et de rabaisser et opprimer toute opinion hostile à l'aide des pouvoirs administratifs. La Préfecture de Police social-démocrate n'avait eu aucun scrupule, dans les années 1918-1919 et 1920 à se protéger du péril bolchevique en se servant des Corps Francs et des Unités de Volontaires. Mais dès que la terreur rouge avait été vaincue dans la rue, la social-démocratie s'était hâtée de passer à la lutte contre le Mouvement national. L'élément principal de cette campagne d'extermination reposait entre les mains du Préfet de Police.

Qui tient la Préfecture de Police de Berlin, tient la Prusse, et qui tient la Prusse, tient le Reich. Cet axiome, qui était valable au temps de l'Allemagne impériale, fut adopté à la lettre par les forces politiques qui s'emparèrent du pouvoir en 1918. La social-démocratie conquit la Préfecture de Berlin et, à partir de ce moment, mit tout en œuvre pour ne plus la quitter. En s'emparant des ministères prussiens les plus importants elle s'implanta dans ce Land, le plus grand, et acquit ainsi une influence décisive sur les affaires du Reich, même lorsque ces dernières étaient traitées par un cabinet qu'elle ne contrôlait pas immédiatement. Un conflit ne pouvait être qu'inévitable entre le Mouvement national-socialiste berlinois en expansion et la Préfecture de Police socialdémocrate. Nous n'eûmes vraiment pas besoin de le provoquer : il était inscrit dans la nature des choses et de fait, il éclata dès l'instant où le Mouvement national-socialiste sortit de l'anonymat.

À l'époque, le social-démocrate Zoergiebel régnait à l'Alexanderplatz. Pour un poste aussi lourd de responsabilité et si difficile à remplir, il n'avait guère d'autre qualification que celle d'être membre du S.P.D. [22]Pour parvenir à ses fins, il n'hésitait pas à employer n'importe quels moyens et ne s'embarrassait guère de scrupules.

À ses côtés, le Dr Bernhard Weiss, exerçait les fonctions d'adjoint. Il avait gravi progressivement les échelons de la carrière administrative, était passé dans la police par la suite, fut dans les débuts chef du principal service de l'Alexanderplatz, la 1ère Section politique, devint un collaborateur intime de Severing au cours de sa première apparition au ministère de l'intérieur prussien et, après la chute de Friedensburg, fut nommé adjoint au Préfet de Police. Rien n'est plus éloigné de nous que d'affirmer que cet homme n'était pas en mesure d'apporter la nécessaire impartialité vis-à-vis du national-socialisme dans l'exercice objectif de ses hautes fonctions. Le Dr Weiss était juif. Il faisait ouvertement profession de judaïsme et participait à des activités dirigeantes dans de grandes organisations et associations juives. Cela ne l'empêchait pas d'alerter la justice si des nationaux-socialistes le traitaient de… juif. Le Mouvement national-socialiste est antisémite. Notre attitude hostile est toute de principe ; nous ne faisons pas du juif le seul responsable de tout le malheur qui s'est abattu depuis 1918 sur l'Allemagne. Nous ne voyons en lui que le représentant typique de la décadence.

Lorsque tombèrent les dernières barrières qui séparaient en Allemagne prussienne la juiverie internationale de l'administration et du gouvernement, le destin de la nation était alors scellé. À compter de ce jour, débuta la pénétration du nomadisme intellectuel dans les départements de discipline administrative et de cohésion nationale, et il n'y eut plus aucun frein à l'effondrement catastrophique de l'État allemand.

À peine le Mouvement national-socialiste berlinois eut-il passé le cap de ses débuts que la Préfecture de Police mit

---

[22] Parti socialiste allemand.

aussitôt en œuvre les contre-mesures appropriées.

La froide réserve, jusque-là observée à notre égard, devint tout à coup intérêt actif. Subitement, nos réunions commencèrent à fourmiller de mouchards de l'Alexanderplatz. Chaque défilé, chaque manifestation, chaque rencontre de permanents fut soigneusement surveillée par la police. On envoyait des espions officiels, surnommés en argot berlinois des « *gamins de huit sous* », adhérer à l'organisation dans l'espoir de réunir ainsi le matériel nécessaire pour pouvoir, en cas d'épreuve de force, anéantir le Mouvement par une interdiction administrative.

Suivant notre conviction, l'âme de toute l'entreprise était l'adjoint au Préfet de Police, le Dr Bernhard Weiss lui-même. Et de même que la social-démocratie avant la guerre attaquait non seulement un système qui lui était hostile, mais aussi ceux qui le représentaient, il nous fallut aussi, que nous le voulions ou non, adapter notre tactique et inclure dans nos attaques politiques non seulement l'Alexanderplatz, mais la personnalité même du Préfet de Police.

Ainsi s'explique que notre lutte contre les méthodes employées à notre égard par la Préfecture de Police et dont nous devions très vite ressentir les pénibles effets, se concentra de plus en plus sur la personne du Dr Weiss, adjoint au Préfet de Police. Nous avions découvert en lui une cible telle que nous n'en pouvions souhaiter de meilleure.

Adjoint au Préfet de Police, Dr Bernhard Weiss

Le Dr Weiss n'était ni policier de métier ni politicien déclaré. Il faisait partie de la race juive, et cela le rendait d'emblée suspect à nos yeux. Dieu seul sait comment le prénom d'Isidor lui avait été attribué. Nous avons dû par la suite nous convaincre que ce nom lui avait été accolé et qu'en réalité il portait tout simplement celui de Bernhard. Je dois en tout cas reconnaître que si le prénom d'Isidor n'était pas vrai, il était bien trouvé. La classique plaisanterie populaire berlinoise s'avéra à nouveau inaltérable et infaillible en dotant un homme d'un prénom, qui ne lui revenait pas en fait, mais qui semblait lui aller comme un gant. Plus tard, nous fûmes souvent condamnés à de lourdes peines de prison et d'amende pour avoir doté cet individu d'un prénom qu'il considérait comme une injure et qu'il faisait poursuivre par les tribunaux, quoiqu'il ne revêtît en soi aucun caractère insultant. Mais de toute façon, il devint célèbre sous ce nom. Il passa avec lui dans l'histoire contemporaine, et nos attaques massives contre lui en firent finalement l'une des cibles les plus populaires de notre lutte antisémite.

Dr Weiss ! Ce fut bientôt un slogan incendiaire. Tout national-socialiste le connaissait. Tout militant s'était imprégné de sa physionomie, de la manière la plus vivante et la plus précise, grâce aux milliers de feuilles satiriques, photographies et caricatures. On voyait en lui l'âme du combat contre notre mouvement, dans la mesure où ce combat était mené par la Préfecture de Police. Il fut rendu responsable de tout le tort que nous causait l'Alexanderplatz. Comme le Dr Weiss, à la différence de beaucoup d'autres grands du système, était d'une sensibilité excessive, la propagande nationale-socialiste s'acharnait à en faire une figure comique, sans le prendre au sérieux comme adversaire politique, le caricaturant dans des situations peu flatteuses pour lui, mais qui coïncidait avec le goût naturel du public berlinois, amateur de calembours, plaisanteries et bons mots.

Pas une semaine ne s'écoulait sans que nous ayons à livrer une quelconque bataille au Dr Weiss. Il était devenu le principal objet de nos attaques. Nous le sortions de l'anonymat d'une existence en marge, mais par là même d'autant plus influente, nous le tirions en pleine lumière aux yeux de l'opinion et notre propagande lui portait de tels coups qu'ami et ennemi y trouvaient leur plaisir. Inutile de dire que tout cela était très mal vu d'Alexanderplatz d'autant qu'on pouvait difficilement y riposter car les rieurs étaient de notre côté. En guise de défense, le Dr Weiss s'abritait derrière le paravent de sa fonction, et cherchait à remplacer par des mesures d'autorité ce qui semblait manifestement lui manquer en moyens intellectuels. Aussitôt après le heurt sanglant de la gare de Lichterfelde-Ost, je fus convoqué à la Préfecture de Police et on m'y laissa entendre de la manière la plus brutale qu'à dater de ce jour, notre mouvement était mûr pour l'interdiction, et qu'il pouvait être mis hors-la-loi à la première occasion. La lutte entre le Mouvement national-socialiste et la Préfecture de Police était ainsi parvenue à son point culminant et ce qui suivit n'en fut que le prolongement.

Le 1er mai, pour la première fois, Adolf Hitler prit la parole au cours d'une grande réunion à Berlin. À l'époque, il lui était encore interdit dans tout le Reich de prononcer des discours, et c'est pourquoi nous dûmes qualifier cette réunion de privée, c'est-àdire réservée exclusivement aux adhérents. Elle eut lieu au « *Clou* », un vieil établissement nocturne du centre berlinois. Nous avions choisi cette salle, pour éviter, en raison de la date, toute tentative de provocation des communistes. Notre intention n'était pas de faire de cette manifestation une réunion de combat, mais bien plus de donner une nouvelle impulsion au Mouvement national-socialiste de la capitale. Cette première apparition en public du Führer apportait à l'opinion une preuve des progrès que nous avions accomplis.

La réunion fut un succès au-delà de toute attente. Les grandes salles du « *Clou* » étaient pleines à craquer de camarades du Parti, et le discours d'Adolf Hitler, par sa rigueur et sa profondeur, fit l'effet d'une bombe chez tous les auditeurs, dont la plupart ne l'avait encore jamais vu ni entendu.

La presse de la capitale ne pouvait passer cet événement sous silence. Elle devait, d'une manière ou d'une autre, prendre position à ce sujet. Et elle le fit aussi, bien entendu à sa manière habituelle. Avant même le début de la réunion, parut un journal juif, qui publia un compte rendu de celle-ci alors qu'elle n'avait pas commencé. Cet article ne regorgeait que d'insultes, d'insinuations et d'infâmes mensonges. On mettait Hitler sur le même plan que des criminels endurcis et on s'acharnait sur le mouvement d'une façon intolérable.

Le fait que le journal eût été imprimé et vendu avant le début de la réunion, fournissant ainsi une preuve éloquente de la mauvaise foi des plumitifs juifs, indigna à l'extrême les camarades berlinois. Les entrefilets qui parurent le lendemain dans toute la presse juive, ne le cédèrent en rien à cette infamie journalistique. L'atmosphère chez les militants fut ainsi portée à ébullition, surtout lorsqu'on constata que la presse dite nationale et bourgeoise non seulement n'élevait aucune objection contre cette falsification, mais aussi qu'elle traitait avec un silence insultant ou quelques remarques anodines et malveillantes la première apparition d'Adolf Hitler à Berlin.

Il nous fallait prendre position, ne fut-ce que par amour-propre. Encaisser cela sans murmurer, eut été un véritable abandon moral. Comme nous manquions encore d'un organe de presse à Berlin, nous organisâmes une réunion publique, pour le 4 mai à la Maison des Anciens Combattants. Nous l'avions placée sous le signe d'une protestation contre la manœuvre boursière que venait d'effectuer la Darmstädter Bank, et son propriétaire, Jakob Goldschmidt. Quelques semaines auparavant, nous avions déjà tenu une réunion publique très remarquée contre ce représentant typique de la finance internationale et l'avions ainsi dénoncé pour la première fois à un large public. Cette seconde réunion devait être le prolongement de la première, et je résolus alors, avant de m'occuper du thème particulier en tant qu'orateur, de riposter à l'agression de la presse contre le passage d'Adolf Hitler à Berlin. À ce sujet, il ne faut pas omettre de mentionner qu'après la réunion, un journal juif publia une interview d'Adolf Hitler, qui n'avait en fait jamais eu lieu. Un journaliste m'avait contacté par téléphone pour solliciter cette prétendue interview. Je la refusai catégoriquement et, à mon immense stupéfaction, il me fallut alors constater, que malgré tout, elle parut le lendemain dans la presse, inventée de A à Z. Cette interview fit le tour de tous les journaux de province sous influence juive. Elle ne regorgeait que de vulgarité malveillante et d'ignoble infamie. Adolf Hitler, qui est notoirement abstinent, y était décrit comme ivrogne invétéré, et le plus écœurant de ce scandale journalistique était que l'auteur de l'article tentait de donner l'impression que lui, le représentant d'un journal juif, avait fraternisé toute une soirée avec Adolf Hitler, et eu ainsi la meilleure occasion de l'observer de très près.

La Maison des Anciens Combattants était pleine à craquer et on dut refuser l'entrée aux derniers arrivants. Je commençai mon discours par une violente critique des plumitifs de la capitale du Reich, et ne manquai pas de clouer au pilori la canaille journalistique à l'aide de preuves inattaquables. Je lus les articles de presse un à un devant la foule pendue à mes lèvres et rétablis après chaque lecture les faits dans leur vérité. Ce fut d'un effet frappant et l'auditoire fut bientôt empli d'une colère indignée, à laquelle il essayait de donner libre cours dans de bruyantes clameurs. Comme je venais d'en finir avec le problème de ces journalistes et que j'allais passer au thème principal, un individu, apparemment en état d'ivresse, se dressa au milieu de la salle. A travers les vapeurs de tabac, je distinguai une tête colorée par le vin, qui surgissait là, parmi les gens entassés, et j'entendis, à ma grande surprise, cet impudent provocateur troubler la réunion, déroulée jusque-là dans un ordre parfait, par des interpellations injurieuses. Tout d'abord, je fis semblant de ne pas le remarquer. L'assistance, saisie par cette conduite effrontée, se figea un instant dans un calme impressionnant. Dans ce silence profond, le personnage renouvela, pour provoquer les auditeurs, ses lazzis orduriers à mon égard. Et cela fit un effet d'autant plus révoltant que je n'avais donné prétexte, à personne et en rien, à une conduite si honteuse.

Je compris immédiatement que nous avions affaire à un provocateur ; aussi je résolus de régler l'incident le plus rapidement possible. J'interrompis mon discours quelques secondes et me tournant vers le fauteur de trouble, lui lançai d'un ton dédaigneux :

— *Vous voulez donc troubler la réunion ! Avez-vous envie que nous fassions usage de notre droit d'invitant et que nous vous expulsions ?*

Comme l'individu faisait mine de ne pas vouloir se rasseoir, mais tentait de poursuivre ses provocations, quelques vigoureux S.A. apparurent, lui envoyèrent quelques gifles, le prirent par la nuque et la peau des fesses, et le jetèrent hors de la salle. Tout cela ne dura que quelques secondes. L'assistance conserva son calme. On ne ponctua cette tentative de perturbation insensée que de quelques remarques, se réjouissant que le fauteur de trouble fût écarté et que le discours ait pu se poursuivre sans incident.

Personnellement, je n'avais attaché aucune importance à une telle péripétie. De la tribune, je vis seulement que le provocateur quittait la salle de façon plutôt rude. Je poursuivis alors en toute tranquillité mon discours, en attaquant l'objet de la réunion. L'allocution dura une heure et demie, et comme personne ne vint contredire, la réunion s'acheva là-dessus. Les auditeurs allaient quitter la salle lorsque la police y pénétra, naturellement accueillie par les cris et les sifflets de l'assistance. Un officier de police grimpa sur une chaise et d'une voix aiguë s'adressa à la foule. Il était impossible de comprendre un seul mot. Je dus réclamer moi-même le silence qui revint aussitôt. Le policier fut alors en mesure de communiquer qu'il avait ordre de fouiller tout le monde pour rechercher des armes. Je déclarai que nous allions nous soumettre, en silence et sans murmure, à cette mesure, et l'assistance retrouva un calme parfait. Pendant les deux heures que dura la fouille des deux à trois milles personnes, il n'y eut aucun incident.

L'affaire était liquidée, ou tout au moins je le pensais, mais je vendais la peau de l'ours avant de l'avoir tué ! Le lendemain matin, j'appris avec surprise, en lisant la presse, que des choses extraordinaires s'étaient déroulées à notre réunion : le provocateur expulsé par nous était bien un ivrogne et un misérable, mais c'était aussi un authentique pasteur, bien qu'il ne se montrât manifestement pas digne de ce titre. Pour les charognards de la presse, c'était la provende[23] qu'ils avaient longtemps cherchée. Les mêmes canailles publicistes qui avaient durant des décennies couvert de la bave de leurs lâches calomnies tout ce qui portait l'habit ecclésiastique, s'érigeaient subitement en protecteurs patentés de la morale et des mœurs chrétiennes. L'individu en état d'ivresse se transforma en honorable ecclésiastique à cheveux blancs. Son insolente provocation devenait une inoffensive interpellation. Les deux militants, qui avaient fait sortir le personnage sans trop de douceur il est vrai, furent qualifiés d'assassins nationaux-socialistes, et les quelques gifles que le minable pasteur avait récoltées, se muèrent en coups de matraque qui avaient défoncé le crâne de la pauvre victime, luttant maintenant contre la mort dans une salle d'hôpital.

Ce fut le signal. Avec une véritable volupté, la presse se jeta sur cet incident bénin. Il fût gonflé suivant toutes les règles de la falsification journalistique.

« *La mesure est comble !* » « *Il faut en finir !* » « *Assez de cette terreur criminelle !* » « *Faut-il qu'un prêtre soit d'abord assommé,*

---

[23] « *n.f.*, du latin *præbenda*, choses devant être fournies.

avant que les autorités ne réagissent ? »

Les organes juifs se déchaînaient. Cette campagne était manifestement préparée de longue date, inspirée et entretenue en haut lieu. Dans la nuit même de la réunion, une entrevue s'était déroulée entre les autorités de la Préfecture de Police et le Ministère de l'Intérieur prussien. Dès le lendemain midi, un journal d'Ullstein annonçait l'interdiction immédiate du Parti national-socialiste. Les journaux de la bourgeoisie nationale s'inclinèrent comme toujours, lâchement et sans murmurer, devant la psychose créée par nos adversaires. Ils ne prirent ni le temps, ni la peine de contrôler les faits. Ils entonnèrent le même couplet et déclarèrent avec une suffisance pharisienne que lorsque la politique adopte de telles formes, on ne pouvait tenir rigueur aux autorités d'intervenir avec toute la sévérité de la loi.

Un front unifié, allant du patrimoine bourgeois au communisme prolétarien, s'était ainsi constitué. Tous réclamaient l'interdiction du Mouvement gênant et haï. Il fut facile à la Préfecture de Police, grâce à cette campagne de presse montée de toutes pièces, de prononcer l'interdiction et de l'appliquer. Nous manquions d'organes de presse pour informer l'opinion de ce qui s'était réellement passé. Nous ne possédions aucun journal. Un tract rédigé dans la journée suivante fut saisi par la police. Après que la presse bourgeoise se fût refusée à servir la cause de la justice, le destin du Mouvement était tranché.

Un seul journal de Berlin avait conservé son calme et défendu, courageusement et d'une manière désintéressée, notre Mouvement contre les mensonges et les calomnies de la racaille journalistique : la *Deutsche Zeitung*. Plus tard, lorsque nous fûmes devenus un grand parti de masses, nous eûmes quantité d'amis dans les salles de rédaction national-bourgeoises. Nous n'avons jamais attaché grand prix à ces amitiés : nous savions ce qu'elles valaient et nous nous souvenions trop bien du temps où nous étions petits et dédaignés, et où les charognards de la presse bourgeoise s'offraient le mince plaisir de nous taper dessus sans danger, parce que tous nous attaquaient. La *Deutsche Zeitung*, elle, a laissé s'exprimer le droit et la justice, et elle a ainsi prouvé qu'elle avait, quand la cause nationale était en jeu, suffisamment de courage pour braver l'impopularité.

Ce qui devait arriver, arriva. Dès midi, les journaux juifs annoncèrent que l'interdiction était inévitable. Nous réussîmes au dernier moment à sauver le compte-chèque postal du Parti, les dossiers importants furent mis en sûreté, puis nous attendîmes fébrilement la suite des événements. Vers sept heures du soir, un messager de la Préfecture de Police se présenta à nos bureaux, pour remettre une lettre contre décharge. Il n'était pas difficile de deviner que ce pli contenait l'interdiction du Parti et je refusai tout simplement de l'accepter. Le fonctionnaire dut battre en retraite sans avoir rempli sa mission et il accrocha la missive sur la porte des locaux du Parti. Puisque de toute manière, tout était perdu maintenant, nous cherchâmes au moins à sauver la face. La lettre fut remise à un S.A. Il revêtit une dernière fois, son uniforme complet, partit pour la Préfecture de Police et réussit à pénétrer jusqu'au bureau du Préfet. Là, il ouvrit la porte avec silence, jeta la lettre dans la pièce, s'écriant avec insolence :

— *Nous, nationaux-socialistes, refusons de reconnaître l'interdiction.*

La presse, le lendemain, en profita pour renchérir sur notre mauvais esprit, et notre mépris des lois. Aux premières heures de l'aube, d'importantes forces de police apparurent et occupèrent nos locaux de la cave au grenier ; armoires, bureaux et étagères furent mis sous scellés.

Le Mouvement national-socialiste de Berlin avait cessé d'exister légalement. Ce fut un coup dont nous ne pûmes nous remettre que difficilement. Nous avions réussi à nous imposer malgré les campagnes de silence et le terrorisme de la rue ; nous avions porté de l'avant notre idéal et son drapeau, sans nous soucier des dangers qui nous guettaient. Nous n'avions épargné ni peine ni efforts pour démontrer à la population de la capitale du Reich notre bonne volonté et la droiture de nos objectifs. Dans une certaine mesure, nous y étions d'ailleurs parvenus. Alors que le Mouvement entreprenait de briser ses derniers liens et de rejoindre les rangs des grandes formations de masse, il fut précipité dans le néant par une interdiction arbitraire. On ne se doutait pas alors que cette interdiction ne parviendrait pas à détruire le Mouvement, mais qu'au contraire, elle lui conférerait de nouvelles forces insoupçonnées, et qu'en surmontant cette épreuve de force, il serait plus tard à même d'affronter toutes les hostilités.

Au cours de la nuit, j'eus une courte entrevue avec Adolf Hitler, qui séjournait précisément à Berlin. Il entrevit immédiatement tout l'enchaînement qui avait mené à l'interdiction ; notre opinion fut que le Mouvement devait affirmer sa volonté de surmonter ce revers. Nous cherchâmes à sauver ce qui pouvait l'être. Dans la mesure où c'était réalisable et où une possibilité s'en offrait, nous répliquâmes par la voie de la presse. Malheureusement, nos moyens étaient très modestes pour faire face à la, diffamation publique du Mouvement par la presse juive. Nous n'obtînmes pas grand-chose, mais nous réussîmes tout au moins momentanément à conserver intact le noyau du Parti.

Là aussi, il ne manqua naturellement pas de ces gens *qui-savent-toujours-tout-mieux*, qui subitement, maintenant que le Mouvement était frappé d'interdiction, surgissaient de leur obscur anonymat, pour nous faire bénéficier de leurs bons conseils. Lorsque nous combattions, on ne les voyait nulle part. A l'instant où le signal de l'arrêt de la bataille était donné, ils réapparaissaient subitement à la surface, non pas pour couvrir la retraite, mais pour décourager encore un peu plus les troupes par de lâches critiques.

J'étais moi-même l'objet de calomnies éhontées. Ces bourgeois pleurards affirmaient que le Mouvement aurait très bien pu être préservé, s'il avait seulement observé un ton moins extrême et plus modéré. D'un seul coup, ils avaient tout prévu et tout prédit. Mais ce n'est pas pour autant qu'ils contribuaient à reconstituer une nouvelle armature au moyen des débris de l'organisation détruite ; au contraire, ils s'efforçaient de fomenter un mécontentement plus étendu et d'augmenter la confusion.

La presse annonçait mon arrestation imminente. C'était un mensonge manifeste, car je n'avais violé la loi en aucune façon et c'était là prendre ses désirs pour des réalités. On cherchait surtout à créer une atmosphère trouble et à prévenir l'opinion contre nous.

Pour la première fois le bruit courut à l'époque dans la presse juive d'une querelle entre Adolf Hitler et moi ; à la suite de cette querelle j'aurais abandonné mon poste de Gauleiter berlinois, pour occuper les mêmes fonctions en Haute-Silésie. La rumeur a subi les variantes les plus pittoresques au cours des années suivantes et n'est pas encore apaisée à ce jour. Chaque fois que le Mouvement livre une rude partie ou passe par une crise temporaire, elle réapparaît dans les colonnes des feuilles juives, nous fournissant l'occasion renouvelée d'en faire des gorges chaudes. Là aussi, les désirs sont pris pour des réalités. On voulait faire croire que j'avais quitté Berlin, parce que, manifestement, j'y étais devenu incommode et gênant, et qu'on espérait, après mon départ, trouver une possibilité de faire éclater le Parti de l'intérieur.

L'idée d'un tel départ ne m'effleurait même pas. Certes, j'avais pensé, dans les premières semaines de mes activités berlinoises, que cette tâche ne serait que momentanée, et qu'aussitôt surmontées les résistances s'opposant à l'extension du Mouvement dans la capitale du Reich, je pourrais céder mon poste à un autre, plus qualifié. Si j'ai persisté jusqu'aujourd'hui dans cette fonction difficile et pleine de responsabilité, cela tient non seulement aux satisfactions croissantes que me procure ce travail, mais aussi — et à vrai dire pour une part considérable — à la constatation que la presse juive préfèrerait me voir éloigné. J'aime bien ne pas faire ce que les Juifs désireraient. Ils devraient me supplier de rester à Berlin pour que je succombe à la tentation de quitter cette ville. Aussi longtemps qu'on ne m'y souhaitera pas, j'y resterai, d'autant plus que j'ai encore quelques projets en tête et que je compte bien y remporter d'autres succès.

Ce n'est qu'au cours de l'évolution ultérieure de l'affrontement pour la capitale du Reich que la grandeur de la tâche entreprise m'est apparue. Si nous réussissions à gagner Berlin au national-socialisme, notre victoire serait pratiquement complète. La capitale du Reich est bien le centre du pays ; d'ici, se répandent irrésistiblement dans tout le peuple les courants de pensée. Regagner Berlin au germanisme était une véritable mission historique, qui méritait bien les efforts des meilleurs d'entre nous.

Au milieu de l'orage déchaîné contre nous par la presse, il me fallut par suite d'une vieille promesse, partir deux jours pour Stuttgart. Et dans les colonnes des plumitifs, ce fut à nouveau l'occasion d'une calomnie échevelée et perfide. On déclara que je m'étais lâchement incliné ; on radotait que j'avais fui devant une arrestation imminente. On utilisa mon absence de Berlin pour mobiliser l'opinion publique contre le Parti et moi-même dans le vague espoir d'enfoncer ainsi un coin entre le chef et ses troupes et briser de l'intérieur le mouvement ébranlé.

À Stuttgart même, j'appris qu'un service irresponsable de Berlin avait diffusé la rumeur qu'un mandat d'arrêt était lancé contre moi. Sans en tenir compte, j'entrepris le soir même le voyage de retour et malgré quelques fidèles camarades venus à ma rencontre à Halle pour me détourner de rentrer à Berlin, je poursuivis ma route. En arrivant, tard dans la soirée, à la gare d'Anhalter, je fus l'objet d'une réception que je n'aurais pas osé espérer, même dans mes rêves les plus audacieux.

Le quai tout entier était noir de monde. Le hall de la gare était rempli à craquer, et à l'extérieur, se pressait une foule de militants enthousiastes et de sympathisants du Parti. Des centaines et des milliers de gens coururent le long de la Königgraetzer et de la Potsdamerstrasse derrière ma voiture en marche qui ne pouvait se frayer qu'avec peine son chemin à travers cette agitation. À cette heure nocturne de cette jolie soirée de mai, retentit pour la première fois le cri de guerre qui devait devenir pour une année entière l'entraînant mot d'ordre populaire du mouvement clandestin à Berlin :

« *Interdit, mais pas mort !* »

Oui, le Mouvement ne se laissait pas abattre. Pas plus par la terreur que par l'interdiction. On le matraquait, là où il osait reparaître. Il était sans droit et sans défense. Les autorités le traquaient et la sanguinaire Tchéka rouge le poursuivait, armée de poignards et de revolvers. Mais malgré la répression et la prison, les fières aigles de nos drapeaux s'élevèrent dans les airs. L'idéal était solidement ancré dans les cœurs de partisans fidèles, et le drapeau flottait glorieusement au devant des bataillons en marche. L'interdiction et les persécutions devaient en définitive fournir au Mouvement cette dureté inflexible dont il avait besoin pour pouvoir livrer victorieusement le difficile combat qui déciderait du destin du peuple allemand.

Une nouvelle étape de notre travail commençait maintenant. L'organisation était dissoute, l'armature légale du Parti disloquée. Il fut d'abord impossible de regrouper les militants autour d'un nouveau centre d'attraction solide ; car on n'en resta pas naturellement à l'interdiction. Il s'y ajouta des tourments et des brimades en tout genre, avec lesquels on nous menait la vie dure. Par tous les moyens, le Parti fut surveillé, mouchardé et espionné. Les mouchards ne nous quittaient pas d'un pas, et aucune provocation n'était trop mauvaise pour être employée contre le mouvement.

L'interdiction avait été prononcée, à vrai dire non pas en vertu de la loi sur la protection de la République, mais du droit commun civil. Le prétendu motif qu'on nous transmit quelques jours plus tard, défiait tout bonnement la description. Comme nous ne pouvions pas nous défendre, on ne s'était pas cassé la tête, Alexanderplatz. On supposait vérifiées des exactions sur lesquelles aucun jugement n'avait été encore prononcé. On ne mentionnait pas du tout l'incident de la réunion à la Maison des Anciens Combattants. On se référait à des choses qui se situaient dans un lointain passé, et comme les mesures rigoureuses prises par la Préfecture de Police envers nous, en application de l'interdiction, firent monter jusqu'à l'extrême l'indignation des militants du Parti et qu'il s'ensuivit inévitablement, soir après soir, des manifestations de rue, on s'en servit de prétexte pour justifier l'interdiction.

On se garda bien sagement d'ouvrir le procès réclamé si impétueusement contre moi durant la campagne de presse. On n'avait rien dont on eût pu m'accuser. Toute la mise en scène de la presse était une mauvaise comédie manigancée avec impudence uniquement parce que nous ne pouvions nous défendre et que l'opinion publique nous refusait catégoriquement la protection accordée aux autres. A peine quelques jours plus tard, toute personne douée d'objectivité et d'impartialité pouvait constater combien le droit était de notre côté. L'honorable pasteur en retraite, un vieillard du nom de Stucke, la tête pittoresquement décorée d'un pansement blanc, fit son apparition dans une réunion de la Reichsbanner[24], pour raconter aux équipes de matraqueurs sociaux-démocrates ses aventures héroïques sur le front du national-socialisme. Le pasteur, membre de la Reichsbanner ! Ce fut la fin d'une campagne de presse lâche, indigne et mensongère. Les autorités ecclésiastiques déclarèrent publiquement que l'ancien pasteur Stucke avait été exclu de toute fonction au sein de l'Eglise, pour conduite indigne, en vertu d'une décision disciplinaire définitive du consistoire évangélique de la Marche de Brandenbourg, et qu'il avait *« ainsi perdu le droit de porter le titre de pasteur et les habits de prêtre de l'église évangélique suivant décision du 21 juillet 1923 de la Cour d'Appel »*.

En outre, on apprit que cet individu, malgré son exclusion de l'église locale, menait un commerce florissant d'éloges funèbres, que son état normal était l'ivresse totale. Sa tentative de provocation dans notre réunion ne laissait subsister qu'un seul doute : s'agissait-il ici du geste d'un ivrogne ou d'une provocation rémunérée ? Mais c'était là une maigre consolation, une fois le Parti interdit et la campagne de presse terminée. La racaille journalistique avait atteint son but, la canonnade sur l'opinion publique avait contraint celle-ci à capituler, on avait écarté un adversaire politique gênant, avec l'appui du bras séculier, et calmé la conscience publique, grâce à une psychose populaire suscitée artificiellement. Quelques jours plus tard, le K.P.D. organisa une grande manifestation au Sportpalast, au

---

[24] *« Bannière d'Empire »* organisation de combat sociale-démocrate.

cours de laquelle un brigadier de police osa pénétrer dans la salle de réunion. Il n'y avait dans ce geste pas la moindre trace de provocation, ce qui ne l'empêcha pas de recevoir sur la tête une chope de bière qu'on lui avait lancée depuis la tribune. Il eut le crâne fracturé et il fallut l'hospitaliser dans un état grave.

Notre péché était petit et bénin en comparaison ! Mais pas un cheveu communiste ne fut touché ; car les communistes sont bien les « *enfants politiques* » de la social-démocratie. On les laisse en paix parce qu'on peut en avoir besoin ici et là, et que finalement il s'agit bien de frères de la même chair et du même sang.

En revanche, on interdisait le national-socialisme quoiqu'il eût fait suffisamment la preuve de son humeur pacifique et qu'il n'eût répliqué aux tentatives de provocation les plus éhontées que par un calme et une discipline inébranlables. Car le nationalsocialisme est l'adversaire fondamental du marxisme de toutes nuances. Entre lui et le marxisme, il n'y a pas de réconciliation possible, mais au contraire une lutte jusqu'à l'anéantissement. On le savait Lindenstrasse[25], on le savait Alexanderplatz[26], et on le savait aussi Bülowplatz[27]. C'est pourquoi l'on frappa au moment opportun. C'est pourquoi les plumitifs infectaient l'opinion publique, avec le souffle pestilentiel d'une vile et mensongère calomnie. C'est pourquoi on en appelait à l'autorité de l'État et l'on mettait en action des articles de loi, méprisés et honnis en d'autres temps.

Il était normal que la social-démocratie défendît sa peau car elle ne se battait en définitive que pour sauver sa propre existence. Mais que les partis bourgeois et leurs charognards qui tirent à la ligne se soient abaissés à vendre leurs services au marxisme, aidant ainsi à abattre un Mouvement qui ne pouvait se défendre, restera à tout jamais la honte et le déshonneur de

---

[25] Siège du Parti socialiste.
[26] Siège de la Préfecture de Police.
[27] Siège du Parti communiste.

la presse bourgeoise et des partis qui la soutenaient.

Ils n'ont pas atteint leur but. Le jour qui suivit l'interdiction, les plus hauts dignitaires prussiens s'efforcèrent à grand renfort de subtilités de démontrer dans une publication ultra-capitaliste d'Ullstein, qu'il n'y avait pas de place à Berlin pour le nationalsocialisme.

» Une bonne fois pour toutes ! Si on ne l'avait pas déjà su par leur activité en d'autres lieux, les scandaleux incidents, qui se sont déroulés mercredi à la réunion de la Maison des Anciens Combattants, démontrent à nouveau que le soi-disant Parti ouvrier national-socialiste n'est pas un Mouvement qu'on puisse considérer et traiter comme un mouvement politique, mais comme un attroupement d'éléments violents et querelleurs qui, sous la direction de desperados politiques, se développe en mettant en danger la sûreté et la tranquillité publiques. Les ahurissantes provocations à la violence dans cette réunion et le résultat de la fouille pour la recherche d'armes ainsi que les brutalités exercées envers les assistants non tolérés à la réunion, montrent clairement la nature de ce Mouvement qui, poussé sur terrain munichois, est parvenu à s'étendre, et a maintenant transporté son champ d'activité à Berlin.

« *Mais Berlin n'est pas Munich. De même que nous avons préservé Berlin de la domination des Soviets communistes, nous protégerons la population berlinoise de la terreur pratiquée par ce Parti ouvrier socialisto-brigand. Ce Mouvement habitué aux violences contre les gens d'une autre opinion et s'évertuant à violer la loi, nous l'étoufferons dans l'œuf à Berlin et dans toute la Prusse.* »

Voici ce qu'écrivait le Président du Conseil prussien Otto Braun, dans le *Berliner Morgenpost* du vendredi 6 mai 1927. Il se trompait lourdement. Le Mouvement ne fut étouffé dans l'œuf ni à Berlin, ni en Prusse. Malgré la haine et la mise hors-la-loi, son idéal s'éleva toujours plus haut ! Chaque persécution ne faisait que rendre l'organisation plus forte et plus ferme. Sans doute, beaucoup d'entre nous se découragèrent-ils mais il ne s'agissait là que de ceux qui n'étaient pas à la hauteur des circonstances. Il subsista un noyau solide et inébranlable, et le Parti lui-même survécut malgré son interdiction. L'idéal était trop fermement ancré dans les cœurs des fidèles partisans pour qu'on pût espérer l'arracher par la force.

Le Mouvement national-socialiste à Berlin était à la croisée des chemins. Il lui fallait démontrer que sa force vitale était intangible. Il triompha de cette épreuve par un combat héroïque et plein d'abnégation, confirmant par sa progression victorieuse le mot d'ordre qu'il s'était donné :

« **Interdit, mais pas mort !** »

Chapitre VII

Brimades policières

La marche triomphale du jeune Mouvement national-socialiste dans la capitale du Reich avait pris soudainement fin après l'interdiction prononcée par la Préfecture de Police. La vie publique du Parti était réduite à néant, l'organisation disloquée, la propagande paralysée, les groupes de sympathisants dispersés aux quatre vents, tout contact direct de la direction avec les militants rompu. L'interdiction du Parti avait été appliquée avec une rigueur minutieuse par les autorités. En fait, elle n'avait pas été prononcée en vertu de la loi sur la protection de la République, et il s'avérait ainsi impossible de sanctionner par de lourdes peines d'amende et de prison les infractions isolées. Elle se fondait sur le droit commun local datant de l'époque du Grand Frédéric et n'était, pour des motifs soigneusement pesés, pas motivée par des arguments politiques, mais pénaux. Elle avait été promulguée par la police et non par le ministère, et pouvait ainsi se tourner peut-être plus facilement et avec moins de danger qu'une interdiction politique, qui est en général édictée sous réserve de peines sévères.

En procédant ainsi, la Préfecture de Police avait outrepassé ses attributions d'une manière flagrante. Elle avait prononcé l'interdiction pour Berlin et pour la Marche de Brandenbourg, quoiqu'elle fut manifestement dépourvue de toute qualification pour le faire, tout au moins en ce qui concernait le Brandenbourg. Le Préfet de Police pouvait au mieux interdire le Parti à Berlin ; et puisqu'il était précisé dans les motifs que le Parti s'était rendu coupable d'une conduite illégale, son interdiction ne pouvait être envisagée légalement que si l'existence du Parti mettait directement en danger l'ordre et la sécurité publics.

Mais cela n'était pas soutenable sérieusement. Nos militants avaient été attaqués par des adversaires politiques et s'étaient défendus. Ils avaient ainsi revendiqué le droit le plus élémentaire de chaque citoyen, le droit de légitime défense. Jamais les nôtres n'avaient été les assaillants mais au contraire les attaqués. Nulle part on ne pouvait invoquer d'exaction de notre part. Nous n'avions utilisé la force physique que dans la mesure où nous défendions nos vies.

De plus, on ne pouvait apporter sur aucun point la preuve que le Parti lui-même avait provoqué ou pris la responsabilité d'une telle action ; le fait qu'un militant du Parti défendît sa peau là où il y était contraint était strictement naturel et n'avait rien à voir avec le Parti en tant que tel. La Préfecture de Police était tout à fait consciente de la fragilité juridique des motifs invoqués pour l'interdiction. Nous introduisîmes immédiatement un recours auprès de la Chambre supérieure et par la suite, auprès de la Cour d'Appel administrative. Mais le procès fut reculé des années durant, la Préfecture de Police sollicita continuellement des délais pour produire les preuves nécessaires et il ne vint en délibéré qu'au moment où l'interdiction était depuis longtemps levée. La Cour d'Appel administrative tenta de se dérober à un verdict clair, qui aurait été vraisemblablement écrasant pour la Préfecture de Police, en déclarant que les délais n'avaient pas été respectés et que le plaignant manquait de la capacité nécessaire pour recourir. Le seul fait que la Préfecture de Police n'était pas en mesure de mettre à la disposition de la Cour les preuves nécessaires, indiquait suffisamment que l'interdiction représentait un acte partisan et n'avait que peu de chose à voir avec une administration objective.

Mais pour le moment, on l'exerçait contre nous avec toutes les brimades imaginables. On s'efforçait de supprimer complètement l'activité publique du Parti, et de le priver également de ses derniers moyens financiers en disloquant son organisation. Nous ne possédions alors aucun organe de presse à Berlin. Le travail de propagande ne reposait presque exclusivement que sur l'organisation de meetings populaires. Certes, on ne pouvait, même en interprétant le plus largement possible les articles de loi, empêcher que dans la capitale du Reich, il ne fut plaidé en faveur d'une conception politique quelconque. Il restait donc possible de convoquer, sous des noms d'emprunt, des réunions où l'on traitait du national-socialisme. Dans la première période, c'est bien ce que nous fîmes. Mais la Préfecture de Police passa vite à la contre-attaque et interdit les réunions les unes après les autres, sous prétexte qu'elles troublaient la tranquillité et l'ordre publics, et devaient être considérées comme une reconstitution de ligue dissoute.

Notre tentative suivante se fondait sur l'espoir de pouvoir faire prendre la parole devant les électeurs berlinois à nos députés au Reichstag. Quant à moi, il me fut bientôt absolument interdit de prendre la parole. Des parlementaires du Parti prirent ma place. Des réunions populaires furent organisées et nos députés y parlèrent. On y prenait position sur les questions politiques à l'ordre du jour, et on n'y manquait pas de fustiger suivant leur mérite les méthodes de répression des autorités policières berlinoises contre le Mouvement national-socialiste.

Personnellement, je fus très vivement atteint par cette interdiction de prendre la parole. Je n'avais en fait aucune autre possibilité de maintenir le contact nécessaire avec mes militants. La presse, dans laquelle j'aurais pu m'exprimer par la plume, nous faisait encore défaut. Toutes les réunions où je voulais parler, furent interdites. Dans la mesure où des députés devaient figurer dans nos réunions, celles-ci furent de même très souvent frappées d'une interdiction formulée à la dernière minute, et les militants demeurés fidèles sentaient constamment croître leur colère et leur indignation.

Non pas le fait qu'on nous persécutait, mais la manière et les méthodes par lesquelles on opprimait et terrassait le Mouvement créèrent dans nos rangs une atmosphère surexcitée qui nous occasionnait les plus graves inquiétudes. Il semblait que la Préfecture de Police se faisait une joie d'interdire nos réunions seulement à la dernière minute, espérant ainsi visiblement enlever au Parti la possibilité de prévenir ses militants. La plupart du temps, ils étaient des centaines et des milliers à répondre à la convocation, et lorsqu'ils arrivaient devant le lieu de la réunion, ils se heurtaient à des portes closes et à un solide cordon de fonctionnaires de police.

Il devenait ainsi facile à des mouchards et à des provocateurs soudoyés d'exciter la foule sans direction et sans chefs et de l'inciter à des violences contre la police et les gens d'opinion opposée. Le plus souvent, des petits commandos se séparaient alors de la foule indignée et prenaient plaisir à sillonner le Kurfürstendamm et à donner libre cours à leur colère en giflant et en corrigeant occasionnellement « *l'inoffensif passant à l'air juif* ».

Bien entendu, la presse s'en indignait et le reprochait violemment au Parti qui, étant interdit, n'avait de ce fait aucune possibilité d'agir de quelque manière que ce fût sur ses partisans. L'opinion retentissait des cris et des hurlements de nos adversaires. Dans tout le pays, on cherchait à éveiller l'impression qu'à Berlin, au milieu de la paix la plus profonde, des pogromes étaient organisés, soir après soir, au détriment de la population juive, comme si le N.S.D.A.P. avait organisé un siège clandestin d'où ces exactions étaient systématiquement guidées.

Voici quel était le ton de la Presse :

« *Finissons-en avec les échauffourées du Kurfürstendamm* » « *Il est impossible de se taire devant les actes de violence des nationaux-socialistes sur le Kurfürstendamm* [28], *devenu le lieu habituel de divertissement de ces jeunes gens. L'ouest de Berlin constitue l'un des quartiers représentatifs de cette ville, son discrédit par de telles scènes honteuses et choquantes porte le plus grave préjudice à Berlin. Comme la prédilection des porteurs de croix gammée pour le Kurfürstendamm est maintenant suffisamment connue de la police, il ne faut pas qu'elle n'intervienne qu'après les agressions, mais qu'elle prenne des mesures préventives appropriées chaque fois qu'une réunion des*

---

[28] Une des plus belles avenues de Berlin, l'équivalent de nos Champs-Élysées.

vandales nationaux-socialistes est prévue. »

B.Z. am Mittag du 13 mai 1927

Dans la mesure où il y en avait réellement, c'est la Préfecture de Police — et elle seule — qui était responsable de ces incidents. Elle détenait le pouvoir de nous laisser entrer en contact avec nos partisans, pour les calmer. Mais du fait qu'elle nous enlevait cette possibilité, elle provoquait, qu'elle le voulut ou non, précisément ces aberrations de la lutte politique, conséquence logique d'une telle attitude.

Au reste, ce n'était peut-être pas d'un mauvais œil que l'on voyait les choses prendre un tel tour. On n'avait pas de motifs suffisants pour justifier aux yeux du public l'interdiction permanente du Parti, on cherchait donc à se procurer un alibi. L'opinion devait nous montrer du doigt. Il fallait qu'on crût que ce Parti ne groupait réellement que des éléments criminels et que les autorités ne faisaient que leur devoir en l'empêchant de survivre.

Le Mouvement national-socialiste est fondé sur le principe hiérarchique, plus qu'aucun autre Parti. Chez lui, le chef et son autorité déterminent tout. C'est entre les mains du Führer que repose le maintien de la discipline du Parti ou sa disparition dans l'anarchie. Si on enlève ses chefs au Parti et si l'on détruit ainsi le fond d'autorité qui préserve l'organisation, on décapite alors les masses et des actes irréfléchis en sont toujours la conséquence. Nous ne pouvions plus influer sur les masses. Elles devenaient rebelles, et on ne devait donc pas s'étonner si elles en arrivaient à se livrer à de sanglants excès.

Aussi paradoxal que cela puisse paraître, le pouvoir ne peut que se réjouir de l'existence du Mouvement national-socialiste. La colère et l'indignation soulevées par les conséquences d'une politique inféodée, menée avec déraison depuis 1918, sont si grandes dans le peuple, qu'elles précipiteraient dans les plus brefs délais l'Allemagne dans un bain de sang, Si elles n'étaient maîtrisées et disciplinées par notre Mouvement. L'agitation nationale-socialiste n'a pas entraîné notre peuple dans la catastrophe, comme les politiciens professionnels de cette catastrophe voudraient continuellement le faire croire. Nous ne l'avons que dénoncée à temps, avec raison, et n'avons jamais fait mystère de nos opinions sur l'état lamentable de l'Allemagne. Ce n'est pas celui qui appelle catastrophe une catastrophe qui est un politicien du pire, mais au contraire celui qui la provoque. Et cela, nul ne pourrait nous le reprocher. Nous n'avions encore jamais participé à un gouvernement de coalition. Depuis la naissance du Mouvement, nous avions été dans l'opposition et combattions le plus vigoureusement possible le cours de la politique allemande. Nous en prédîmes dès le début les conséquences dont les contours commencent à se profiler maintenant de plus en plus distinctement à l'horizon politique.

Nos constatations étaient si naturelles et découlaient tant de la nature des choses, que les masses les accueillaient avec une sympathie de plus en plus croissante. Aussi longtemps que nous contrôlâmes l'élan du peuple et que nous le dirigeâmes avec une stricte discipline, il n'exista pas de danger que les vagues de l'indignation s'abattent, sous des formes incontrôlables sur le régime en place. Indubitablement, l'agitation nationale-socialiste était et demeure le porte-parole de la détresse populaire. Mais aussi longtemps qu'on la laisse subsister, on peut contrôler la colère populaire et s'assurer ainsi qu'elle s'exprimera d'une manière légale et supportable.

Enlève-t-on au peuple les représentants et les interprètes de sa souffrance, on ouvre ainsi la porte à l'anarchie, car nous ne prononçons pas le jugement le plus définitif et le plus intransigeant sur le régime dominant. L'homme du peuple, qui n'a pas appris à se servir comme il faut de la parole, qui ne dissimule pas son cœur, mais exprime sa colère croissante sous une forme toujours plus vive, pense plus radicalement et avec plus d'intransigeance que nous.

L'agitation nationale-socialiste est en quelque sorte une soupape de sûreté pour les gouvernants. L'indignation des masses a une possibilité de se déverser par cette soupape. Si on la bouche, la colère et la haine refluent alors dans les masses et y montent à un degré d'ébullition incontrôlable.

La critique politique s'attaque toujours aux fautes du système à critiquer. Si les fautes sont d'une nature bénigne et si l'on ne peut douter de la bonne volonté de celui qui les commet la critique s'exercera alors sous une forme loyale et policée. Mais les fautes sont-elles de nature fondamentale, menacent-elles les fondements spécifiques de l'armature de l'État, et a-t-on par-dessus le marché lieu de soupçonner que ceux qui les commettent ne sont pas du tout de bonne volonté, mais, au contraire, font toujours passer leur intérêt personnel avant celui de l'État, la critique deviendra alors d'autant plus massive et plus décidée. Le radicalisme de l'agitation se trouve toujours en rapport avec la détermination que met à mal agir le système dominant. Les fautes commises sont-elles si fatales qu'elles menacent de précipiter à la fin dans l'abîme peuple et économie, voire la totalité de la culture du pays, alors l'opposition ne peut plus se contenter de mettre au pilori les symptômes de l'état pathologique, et réclamer leur suppression, il lui faut passer à l'attaque contre le système lui-même. À ce stade, elle est effectivement radicale dans la mesure où elle recherche les causes profondes des fautes, et où elle s'évertue à les supprimer dans leurs racines mêmes.

Avant l'interdiction, nous avions nos partisans bien en main. La Préfecture de Police possédait la possibilité de surveiller très attentivement le Parti dans son organisation et sa propagande. Tout excès de zèle pouvait être aussitôt et immédiatement sanctionné. Maintenant, après l'interdiction, il en allait tout autrement. Le Parti n'existait plus, son organisation étant disloquée, on ne pouvait plus équitablement rendre ses chefs responsables de ce qui arrivait puisqu'on leur avait enlevé toute possibilité d'influer sur leurs partisans. J'étais maintenant un simple particulier et n'avais nullement l'intention d'être tenu pour responsable de toutes les péripéties politiques plus ou moins fâcheuses que la Préfecture de Police faisait naître par ses persécutions constamment renouvelées. De plus, certainement dans l'espoir d'aliéner au mouvement les masses avec lesquelles j'avais perdu tout contact, et de les rendre ainsi accessibles aux insinuations démagogiques, surtout à celles des mouchards communistes, la clique journalistique cosmopolite semblait prendre un plaisir particulier à m'insulter personnellement, alors que je n'avais plus aucune possibilité de me défendre contre des attaques politiques ou personnelles.

Pour la première fois, je fis l'expérience de ce que signifiait être la cible préférée de la presse juive. Il ne resta strictement plus rien qu'on ne m'eût reproché ; et tout était imaginaire. Je n'avais naturellement ni l'envie ni le temps de répliquer. Le profane se demande parfois pourquoi les chefs nationaux-socialistes ne répliquent que si rarement à la calomnie juive par les moyens légaux. On peut évidemment envoyer des mises au point à la coterie journalistique, on peut l'attaquer en diffamation, on peut la traîner devant les tribunaux.

C'est en tous cas plus vite dit que fait. Dans une feuille berlinoise quelconque, un de ces mensonges apparaît et fait ensuite le tour de centaines et de centaines de journaux provinciaux dépendant d'elle. Chacune de ces feuilles provinciales y ajoute son commentaire particulier, et quand on commence à faire une mise au point, on n'en finit plus. C'est bien aussi ce qu'escompte la presse cosmopolite. À peine a-t-on aujourd'hui démenti une fausse nouvelle, qu'elle est dépassée le lendemain par une autre, et attaque-t-on le second mensonge, qu'est-ce-qui empêche un tel reptile journalistique d'en inventer après-demain un troisième ? Porter le débat devant les tribunaux ? — Les chefs nationaux-socialistes ne sont-ils là que pour se disputer devant un juge avec des calomniateurs ? — Le ministère public refuse dans tous les cas d'intervenir en notre faveur du fait du manque d'intérêt collectif. On en est réduit à se porter partie civile. Cela coûte beaucoup de temps et encore plus d'argent. Pour rétablir sa réputation devant les tribunaux de la République contre les diffamateurs, il faudrait employer une vie entière et une fortune.

Un homme qui mène une vie publique doit être conscient que s'il s'attaque à une politique criminelle, celle-ci se défend très vite suivant la tactique *« Au voleur ! Arrêtez-le ! »* et tente de remplacer le manque de preuves objectives décisives par des calomnies personnelles. C'est pourquoi il lui faut se cuirasser d'indifférence, être totalement impassible devant les mensonges et, surtout en des temps où il s'apprête à frapper de grands coups politiques, conserver son sang-froid et ses nerfs. Il doit savoir que chaque fois qu'il mettra l'adversaire en danger, celui-ci l'attaquera personnellement. Alors il n'éprouvera jamais de surprises désagréables. Au contraire ! À la fin, il se réjouira même d'être insulté et sali par la racaille de la presse ; car c'est finalement pour lui la preuve la plus infaillible qu'il se trouve sur la bonne voie et qu'il a touché l'ennemi au point sensible.

Ce n'est que difficilement que j'aie pu m'imposer cette conception stoïque. Dans la première période de mon activité berlinoise, j'ai eu infiniment à souffrir des attaques de la presse. Je prenais tout cela beaucoup trop au sérieux et étais souvent au désespoir de ce qu'il n'y avait manifestement aucune possibilité de préserver son honneur personnel dans la lutte politique. Avec le temps, il en a été tout autrement. En particulier, l'excès des attaques de presse a tué en moi toute sensibilité à ce sujet. Si je savais ou me doutais que la presse me calomniait personnellement, je ne touchais plus de journal juif durant des semaines, et conservais ainsi mon calme et ma froide résolution. Quand on lit tout cet étalage de mensonges quelques semaines après qu'il ait été imprimé, il perd d'un seul coup toute signification. On voit alors combien toutes ces manœuvres sont vaines et insensées ; et surtout on acquiert peu à peu la capacité de percer à jour les véritables arrière-pensées de ces campagnes de presse.

Nous ne nous sommes jamais beaucoup préoccupés de faire pièce aux calomnies. Nous savions que nous étions calomniés. Nous nous y sommes adaptés à temps et n'avons pas considéré notre devoir comme étant de réfuter des mensonges un à un, mais bien plus d'ébranler la crédibilité dans ces journalistes eux-mêmes. Et au cours des années, nous y sommes parvenus dans la mesure la plus complète. Ignore-t-on le mensonge : il tombe de lui-même. Dans son désespoir, l'adversaire invente finalement des calomnies et des infamies si invraisemblables, que le profane lui-même n'en est plus victime.

Ils mentent ! Ils mentent ! Avec ce cri de bataille nous avons fait face à la canonnade. Ici et là, nous avons dégagé de tout l'amas confus de calomnies quelques mensonges isolés, par lesquels nous pouvions prouver de manière évidente la bassesse de la racaille journalistique. Et nous en concluions alors : ne croyez rien de ce qu'ils disent ! Ils mentent, parce qu'il leur faut mentir, et il leur faut mentir parce qu'ils n'ont rien d'autre à avancer.

C'est grotesque à en vomir ! Quand une feuille malpropre prétend être moralement contrainte de fouiller la vie privée des chefs nationaux-socialistes pour y découvrir un quelconque point obscur, l'odieux le dispute au ridicule. D'abord, ce dont il s'agit, n'est pas de savoir si ici ou là, un chef national-socialiste a fauté, mais de découvrir qui a conduit le peuple allemand à ce malheur innommable, qui a ouvert la voie à ce malheur par des slogans et des promesses hypocrites et regarda finalement, les bras croisés, comment toute une nation menaçait de sombrer dans le chaos. Lorsqu'on aura répondu à cette question et que les coupables rendront des comptes, alors on pourra s'occuper de nos fautes.

Ici, on ne peut passer sous silence le lâche manque de caractère avec lequel la presse bourgeoise s'est pliée jusqu'à ce jour sans murmurer aux manœuvres journalistiques éhontées des plumitifs stipendiés. La presse bourgeoise est toujours très vite informée quand il s'agit de nuire à un politicien nationaliste ou de fustiger certains excès de la presse nationale-socialiste. Pour la racaille de la presse, elle a par contre une bienveillance incompréhensible, et parfaitement irresponsable. On craint la vivacité et le manque de scrupules professionnels de ces gratte-papier. On n'a manifestement pas envie de s'aventurer dans la zone dangereuse.

Quand la presse bourgeoise prend parfois sur elle de risquer un blâme voilé contre des calomniateurs, c'est tout un événement. La plupart du temps, elle se confine dans un silence distingué et se retranche derrière l'aphorisme : qui touche la saleté, se souille !

Que la presse juive nous attaquât et nous calomniât ce n'était pas le pire. Nous savions bien que tous ces mensonges finiraient tôt ou tard par retomber sur elle : lorsqu'elle est juste, une idée n'est jamais tuée par les mensonges de ses ennemis. Les décisions administratives, qui s'abattaient avec fracas sur le Mouvement après la promulgation de l'interdiction, nous atteignaient plus gravement. L'organisation était détruite. Une tenue régulière du fichier des adhérents devenait impossible. La plus importante source financière du Parti était ainsi tarie. Il est absolument faux que le Mouvement national-socialiste vive des subsides fournis par de grands capitalistes. Nous n'avons jamais rien vu des sommes fantastiques que le Pape, ou Mussolini, ou la France, ou Thyssen ou Jakob Goldschmidt nous auraient soi-disant versées. Le Parti vivait et vit encore exclusivement des cotisations de ses adhérents et des recettes de ses réunions. Tarit-on ces sources monétaires, le Parti perd alors toute possibilité d'existence.

C'est ce qui se produisit après l'interdiction. A partir de l'instant où les cotisations des membres cessèrent d'affluer régulièrement et ou ne parvinrent plus les recettes des réunions — la plupart furent interdites et celles qui restaient autorisées ne rapportaient rien — le Parti passa par la pire des crises financières. Il lui fallut restreindre au strict nécessaire le personnel administratif. Les salaires furent réduits au minimum, et encore ne purent-ils être payés qu'en plusieurs fois et par petites sommes. L'ensemble des fonctionnaires du Parti s'adapta avec un esprit de sacrifice étonnant à cette nécessité ; pas un seul d'entre eux ne fut licencié, mais tous renoncèrent alors à 20 et 30 même 50 % de leur salaire déjà mince, pour conserver ainsi le Parti en vie.

De temps à autre, la Préfecture de Police m'accordait la grâce de pouvoir prendre la parole dans une réunion publique. Ce m'était une occasion d'épancher mon cœur lourd. Mais cela arrivait si rarement, que la valeur politique d'une telle générosité était le plus souvent égale à zéro.

Quand la Préfecture de Police, sous la pression de l'opinion, eût finalement résolu de lever l'interdiction pour la Marche de Brandenbourg, située hors de sa zone de compétence, nous pûmes du moins réunir à l'extérieur de Berlin, le plus souvent à Potsdam, les permanents du Parti et discuter avec eux des plus importantes questions de la politique et de l'organisation.

À Berlin, c'était tout à fait exclu. On interdisait non seulement les réunions du Parti, mais aussi celles de toutes ses organisations annexes. Oui, on s'abaissa même à interdire une cérémonie à la mémoire de Schlageter, organisé par le « *Deutscher Frauenorden* », un mouvement féminin proche du N.S.D.A.P., de crainte qu'elle « *puisse mettre en danger l'ordre et la tranquillité publics* ».

La conséquence automatique d'un tel usage de l'interdiction fut la multiplication croissante des désordres de rue. Beaucoup de S.A. se sont retrouvés à cette époque en prison, parce qu'ils étaient soupçonnés d'avoir fait une descente tard dans la soirée sur le Kurfürstendamm. Les tribunaux infligeaient des peines draconiennes. Une gifle coûtait, dans la plupart des cas, six à huit mois de prison. Mais le mal ne pouvait être stoppé de cette manière. Aussi longtemps que le Parti était interdit et qu'on enlevait à ses chefs la possibilité d'avoir une influence apaisante sur les masses, de tels excès demeurèrent inévitables.

La Préfecture de Police inaugura alors une autre méthode qui s'avéra effectivement plus dangereuse que toutes celles utilisées jusqu'ici. Au cours de grands affrontements politiques, il arrivait souvent que des centaines et plus de nos militants fussent interpellés pour un motif quelconque et amenés sans raison précise au département politique de la Préfecture de Police. La plupart du temps, on ne s'embarrassait pas de justification légale. On les entassait dans de grandes salles et on les retenait jusqu'au lendemain midi. Ils étaient ensuite relâchés sans la moindre sanction. Cela semblait d'ailleurs parfaitement superflu à ces Messieurs de l'Alexanderplatz : on ne voulait pas du tout punir les militants du Parti et les S.A., mais seulement leur causer des difficultés à leur lieu de travail. Un malheureux interpellé perdait une demi-journée de travail du fait de son arrestation ; il pouvait, dans le meilleur des cas, reparaître chez son employeur le lendemain à 14 heures. Ses supérieurs marxistes ou démocrates découvraient très vite la raison de son retard et il était ensuite jeté sans pitié sur le pavé. C'était en définitive le but de la manœuvre !

Le Parti social-démocrate, avant la guerre, a combattu le système des casques à pointe avec une ardeur exagérée. Le casque à pointe fut la première victime de la révolution de 1918. Nous l'avons échangé contre la matraque. La matraque semble être le principal attribut du Parti social-démocrate ; on a abouti, sous son règne, à une contrainte de l'opinion et de la conscience qui défie toute description. Nous en avons fait l'expérience à nos propres dépens. Nous pûmes ainsi apprendre à distinguer la théorie de la pratique et nous avons parfois abouti à d'autres conclusions que celles qu'on peut lire dans la Constitution de Weimar.

Précisément ces semaines-là, un militant de notre Parti, un simple ouvrier de Munich, Hirschmann, au milieu du calme le plus complet, et sans qu'il eût touché un cheveu à qui que ce fut, fut assommé en pleine rue par des voyous de la Reichsbanner et si longtemps frappé à coups de planches, de débris de clôture et de casse-tête, qu'il en mourut, dans un caniveau quelconque. On put voir alors comment une préfecture bourgeoise réagissait devant un tel acte de brutalité. On laissa la Reichsbanner sans l'inquiéter. La presse rouge put impunément salir notre camarade assassiné, et une réunion organisée par le mouvement national-socialiste en protestation contre cette terreur meurtrière fut interdite par la police.

Le monde bourgeois s'est effondré sous les coups de massue de la terreur marxiste, et il ne méritait pas d'autre fin. Mais nous étions disposés à briser cette terreur. Personne ne pouvait nous tenir rigueur de mettre en parallèle de tels contrastes et d'en tirer des conséquences qui ne pouvaient que nous ulcérer et nous indigner chaque jour davantage.

Dans ces difficiles semaines, le S.A. fut comme toujours le champion de notre cause. Pour la première fois, on le forçait à retirer son cher uniforme brun, ses fiers drapeaux étaient enroulés, les insignes du Parti ne pouvaient plus être arborés. Discrètement et la rage au cœur nous mettions au revers droit de nos vestes une épingle. Les irréductibles se reconnaissaient à ce signe. Il échappait à l'œil de la loi, fut bientôt porté par des milliers de gens, et apparut de plus en plus dans les rues de la capitale du Reich. Qui portait l'épingle, exprimait ainsi sa volonté de résistance, proclamant devant tous qu'il était malgré tout disposé à continuer le combat. Il provoquait tout un monde hostile et étalait sa conviction que nous remporterions finalement l'épreuve de force entre le national-socialisme et tous ses adversaires.

Plus nous étions talonnés par la presse hostile et la répression policière, plus devenait ardent notre désir d'accéder à une possibilité de nous défendre sur le même terrain que les plumitifs, fût-ce sur une plus petite échelle. Il nous manquait un journal. Nous ne pouvions parler, nous voulions pouvoir écrire. Notre plume devait être mise au service de l'organisation ; le contact rompu entre la direction et la base devait être renoué. Il était nécessaire de stimuler la foi de nos militants, au moins une fois par semaine, et de les encourager à persévérer.

C'est alors que de la contrainte où nous étions réduits surgit pour la première fois l'idée de fonder notre propre journal. Certes, nous savions que nous pourrions difficilement opposer quelque chose d'efficace à la grande puissance de la presse juive. Malgré tout, nous avons débuté modestement parce qu'il le fallait et parce que nous croyions en notre force.

Une telle publication hebdomadaire devait, conformément aux conditions de la lutte à Berlin, être agressive.

Il lui fallait ouvrir la voie au Mouvement par les procédés journalistiques les plus virulents. Nous voulions égaler la presse juive en sarcasme et en esprit cynique, avec la seule différence, que nous intervenions pour une cause grande et pure.

Nous étions un gibier pourchassé que le chasseur traque en tirant à travers le bois. Quand finalement, il n'a plus d'autre issue, il fait face à son poursuivant ; et non seulement pour se défendre, mais pour attaquer avec ses dents acérées et les bois en avant.

Nous y étions résolus. On nous avait livré au désespoir. On nous avait ôté tout moyen de défense. Il nous fallait donc nous retourner contre le poursuivant, tenter d'édifier une solide position dans la retraite pour pouvoir passer ensuite à l'offensive.

Le titre de notre feuille de combat était ainsi tout trouvé : ce serait ***Der Angriff*** [29], avec pour sous-titre :

« Pour les opprimés ! Contre les exploiteurs ! »

---

[29] *L'Attaque.*

Chapitre VIII

Der Angriff

La publication d'un grand journal lui appartenant était devenue une nécessité intangible pour le Parti interdit à Berlin. Puisque la Préfecture de Police avait supprimé toute action publique du Mouvement au moyen de réunions, affichages et manifestations, il ne nous restait plus rien d'autre à faire que de gagner un nouveau terrain grâce à l'influence que possède la presse sur les masses.

À l'époque où le Parti était encore autorisé, nous nous étions déjà préoccupés de fonder un organe particulier au Mouvement berlinois. Mais la réalisation de ce plan avait toujours échoué sur des obstacles très divers. Il nous manquait tout d'abord l'argent pour monter une entreprise de presse correspondant à l'importance actuelle du Mouvement. Puis une série de difficultés dues aux nécessités de l'organisation et du Parti barrait la voie à notre projet ; et la moindre n'était pas le fait que l'activité de propagande nous mobilisait à tel point dans les réunions et manifestations, que le temps nous manquait pour passer à la réalisation pratique de ce projet.

Mais maintenant, le Parti était interdit. Les réunions étaient illégales, il ne pouvait absolument plus être question de manifestations de rue. Après que la première campagne de presse se fut achevée, un silence général régna à notre sujet chez les plumitifs. En le passant sous silence on espérait pouvoir liquider le Mouvement dont on avait détruit l'organisation par la force. Nous voulions remédier à cette mauvaise passe à l'aide de notre journal. Il devait être avant tout un organe d'information de l'opinion. Nous voulions avoir voix au chapitre ; nous voulions aussi représenter une fraction de l'opinion publique ; notre but était de renouer entre la direction et les militants le lien qui avait été coupé impitoyablement du fait de l'application draconienne de l'interdiction par la Préfecture de Police.

Le seul choix d'un nom pour le journal fut une source de difficultés. On inventa les titres les plus violents et les plus activistes. Ils faisaient certes honneur au tempérament combatif de leurs pères spirituels, mais d'un autre côté négligeaient toute formulation de doctrine et de propagande. J'étais conscient qu'une grande partie du succès dépendait du nom de ce journal. Il fallait qu'en un seul mot son programme soit résumé.

J'ai aujourd'hui encore un vif souvenir de cette soirée où nous étions réunis en un petit cercle pour rechercher notre futur titre. Cela me passa brusquement par la tête comme un éblouissement : notre journal ne peut porter qu'un titre : *Der Angriff* ! Ce nom était d'une propagande efficace, et il comprenait en fait tout ce que nous voulions et ce à quoi nous visions.

Le but de ce journal n'était pas de défendre le Mouvement. Nous n'avions plus rien que nous puissions défendre ; on nous avait tout pris. Il fallait faire passer le Mouvement de la défensive à l'offensive, procéder avec combativité et agressivité ; en un mot, on devait attaquer. C'est pourquoi *Der Angriff* était le seul titre acceptable.

Au moyen de la presse, nous voulions continuer à employer les méthodes de propagande qui nous étaient interdites à visage découvert. Il n'était pas dans nos intentions de fonder une feuille d'information, remplaçant en quelque sorte le quotidien pour nos militants. Notre journal tirait son origine d'une opinion et devait être aussi écrit dans ce sens. Notre but n'était pas seulement d'informer, mais d'aiguillonner, d'allumer, de stimuler.

L'organe que nous fondions devait agir comme un fouet, qui tire de leur sommeil les dormeurs oublieux et les chasse de l'avant dans une action sans trêve. Comme son nom, le slogan du journal était aussi un programme. À côté du titre, on lisait en gros caractères provocants :

« Pour les opprimés ! Contre les exploiteurs ! » Là aussi s'exprimait déjà toute l'attitude combative de notre nouvel organe. Le programme et la zone d'influence de ce journal se résumaient dans son titre et son slogan. Il ne s'agissait plus pour nous que de remplir de vie politique active ce titre et ce mot d'ordre.

La presse nationale-socialiste a son style particulier qui vaut la peine d'y consacrer quelques lignes. Suivant le mot de Napoléon, la presse est la *« septième grande puissance »* et depuis l'époque où ce mot a été prononcé, elle a plutôt étendu que réduit ses possibilités d'influence. Quelle immense force représente-t-elle ! On s'en est aperçu surtout pendant la guerre. Alors que durant les années 1914-1918, la presse allemande était d'une objectivité presque magistralement plaisante et scientifique, la presse de l'Entente se livrait à une démagogie effrénée et impudente. Elle empoisonnait avec un raffinement systématique toute l'opinion mondiale contre l'Allemagne, elle n'était pas objective mais essentiellement tendancieuse. La presse allemande s'appliquait à fournir des articles objectifs et à informer ses lecteurs des grands événements de la lutte mondiale au mieux de sa connaissance et de sa conscience, par contre, la presse de l'Entente était écrite à partir d'une intention déterminée. Elle avait pour objectif de renforcer la force de résistance des armées combattantes et de préserver la foi des peuples en guerre contre nous dans leur juste cause et dans la *« victoire de la civilisation sur la barbarie allemande menaçante »*.

Le gouvernement allemand et le commandement de l'armée durent parfois interdire que des organes défaitistes de langue allemande soient acheminés sur le front. En France et en Angleterre, l'équivalent aurait été impensable. La presse, non soumise à l'influence des partis, y combattait avec une résolution fanatique pour la cause nationale. Elle fut l'un des facteurs les plus importants de la victoire finale.

Les organes de l'Entente servaient ainsi moins des buts d'information que de propagande. Il ne s'agissait pas tant pour eux d'établir la vérité objective, que de contribuer à une guerre d'agression. L'homme du peuple approuvait une telle conception ; c'était surtout une bonne pitance pour le soldat, qui risquait sa vie là-bas, dans les tranchées, pour la cause de la nation.

Le 9 novembre 1918, la guerre mondiale ne s'achevait pas pour l'Allemagne. Elle se poursuivit, mais cette fois avec de nouveaux moyens et sur un autre terrain d'opérations. Du domaine de la confrontation armée elle passa à celui d'une gigantesque lutte politico-économique. Le but resta pourtant le même : la coalition d'États ennemis s'acharna à l'anéantissement inconditionnel du peuple allemand ; et ce qui était et demeure terrible dans ce sort, c'est qu'il y a en Allemagne de grands partis influents qui prêtent main-forte à l'Entente dans cette entreprise diabolique. Face à ce péril menaçant, le contemporain n'a pas à prendre une position scientifique, objective et réaliste, sur les événements de la politique. Il est lui-même concerné par les événements qui se déroulent autour de lui. Il peut tranquillement laisser à une époque ultérieure le soin de trouver la vérité historique. Son devoir consiste à participer à la création de réalités historiques, dans un sens tournant au profit et à l'avantage de son peuple et de sa nation. La presse nationale-socialiste est presque exclusivement déterminée par cette tendance. Elle est rédigée dans des buts de propagande. Elle s'adresse aux larges couches populaires et veut les gagner aux objectifs nationaux-socialistes. Alors que les organes bourgeois se contentent de transmettre des informations plus ou moins objectives, la presse nationale-socialiste a en plus une tâche beaucoup plus vaste et décisive. Elle dégage des informations leurs conséquences politiques, elle n'abandonne pas au lecteur le soin de les tirer à son goût. Le lecteur doit en fait être éduqué et influencé dans son sens et dans la direction de ses objectifs.

Ainsi le journal national-socialiste n'est qu'un élément de la propagande du Mouvement. Il a un but politique accentué et c'est pourquoi il ne doit pas être confondu avec un organe d'information ou même une publication bourgeoise. Le lecteur de la presse nationale-socialiste doit être renforcé dans sa conviction par la lecture de son journal. Sa mise en condition est assurée très utilement et concrètement. Toute la pensée et la sensibilité du lecteur doivent être attirées dans une direction déterminée. De même que l'orateur n'a que le devoir de gagner l'auditeur à la cause nationale-socialiste par son discours, de même le journaliste n'a à connaître qu'une tâche : atteindre le même but et le même objectif par sa plume.

C'était un cas sans précédent dans toute la presse allemande et c'est pourquoi ce fut dès le début très souvent incompris, combattu ou même ridiculisé. Les organes de presse nationaux-socialistes, suivant leur nature, n'avaient pas l'ambition de se mesurer, en précision de reportage et en ampleur de sujets à traiter, avec les grandes gazettes bourgeoises ou juives. Une conception politique est toujours partiale. Qui peut considérer une chose sous ses deux aspects perd par là sa sûreté et sa rigueur de jugement. L'opiniâtreté obstinée de notre action publique, qui nous est si souvent reprochée, est, en dernière analyse, le secret de notre victoire. Le peuple veut des décisions claires et sans équivoque. L'homme du peuple ne déteste rien de plus que l'équivoque et le point de vue « *non seulement... mais encore* ». Les masses pensent simplement et élémentairement. Elles aiment à généraliser les faits compliqués et à tirer leurs conclusions claires et intransigeantes de cette généralisation. Elles sont certes le plus souvent simples et sans complication, mais en règle générale, elles touchent pourtant juste.

L'agitation politique qui procède de ces constatations touchera toujours où il faut l'âme populaire. Si elle ne s'entend pas à clarifier l'embrouillement des faits, mais rapporte au peuple la complexité des choses telle qu'elle se présente effectivement, elle passera à côté de la compréhension de l'homme du peuple. La presse juive aussi n'est pas sans avoir des préférences. Aujourd'hui, elle peut se permettre de renoncer à afficher ses opinions ; car cellesci sont déjà répandues dans le public et n'ont donc plus besoin d'être défendues ouvertement.

Les feuilles distinguées sont objectives et semblent s'appliquer à un réalisme dénué de passion aussi longtemps que la puissance de la juiverie est assurée. Mais combien cette objectivité réaliste et sans passion correspond peu à la véritable nature de la presse juive, on peut toujours le constater quand cette puissance vient à être menacée. Alors les plumitifs stipendiés des salles de rédaction perdent tout sang-froid, et les journalistes sérieux se transforment d'un seul coup en canailles pleines de duplicité.

Bien entendu, nous ne voulions ni ne pouvions faire concurrence dans le domaine de l'information aux grands organes cosmopolites. Les plumitifs y avaient une trop grande avance ; nous n'avions pas tant l'ambition d'informer sans être tendancieux, nous voulions lutter et faire de l'agitation. Tout est tendancieux chez le national-socialiste. Tout est tendu vers un but déterminé, vers un objectif précis. Tout est assujetti à ce but et à cet objectif, et tout ce qui ne peut lui servir est éliminé impitoyablement et sans beaucoup de scrupule. Le Mouvement national-socialiste a été fait par de grands orateurs, non par de grands écrivains. Il a cette caractéristique en commun avec tous les mouvements révolutionnaires décisifs de l'histoire mondiale. D'emblée, il lui fallut se soucier de subordonner sa presse à ses mots d'ordre principaux. La presse fut rédigée dans l'ensemble par des agitateurs de la plume, de même que la propagande publique du Parti était organisée par des agitateurs de la parole.

Dans notre situation de l'époque c'était en tout cas plus vite dit que fait. Nous disposions certes d'un corps appréciable d'agitateurs bien entraîné et efficace. Nos orateurs les meilleurs étaient sortis des rangs mêmes du Mouvement. Ils avaient appris l'art oratoire dans le Mouvement et pour le Mouvement. La technique de la mise en condition moderne des masses par l'affiche et le tract était dominée souverainement par les propagandistes du Parti. Mais maintenant il importait de reporter cet art dans le domaine du journalisme.

Le Mouvement n'avait ici qu'un maître : le marxisme. Avant la guerre, le marxisme avait éduqué sa presse dans le sens décrit plus haut. La presse marxiste n'a jamais eu un caractère informateur, mais seulement tendancieux. Les éditoriaux marxistes sont des discours écrits. Toute la présentation de la presse rouge est axée consciemment sur la mise en condition des masses. C'est là que repose l'un des grands secrets de l'essor marxiste. Les chefs de la social-démocratie qui, en une lutte de quarante années, rendirent leur parti puissant et considéré, étaient surtout des agitateurs et le restèrent aussi, lorsqu'ils saisirent la plume. Jamais ils n'ont fait un simple travail de bureau. Ils étaient possédés de l'ambition d'agir pour la masse à partir de la masse. Dès cette époque, ces constatations ne nous étaient pas étrangères. Nous nous préparions à notre tâche si difficile. La nouveauté de notre travail consistait simplement à adapter dans la pratique des principes théoriques.

Et il ne pouvait en être question que dans une modeste mesure. Car avant que nous puissions passer au stade de l'agitation spécifique, il nous fallait déblayer la voie d'une quantité de difficultés matérielles, qui nous prenaient pour le moment tout notre temps et toute notre force.

Il n'est pas difficile de fonder un journal quand on dispose de moyens financiers illimités. On engage les meilleurs écrivains et techniciens de l'édition et l'affaire est pratiquement dans la poche. Il est déjà plus difficile de tenter l'opération sans argent et appuyé seulement sur une organisation ; car il faut alors que les moyens financiers manquants soient remplacés et compensés par la rigueur et la solidarité internes de cette organisation. Mais le plus difficile, c'est de fonder un journal sans argent et sans organisation ; car alors il ne s'agit plus que de la seule efficacité de l'organe, et l'intelligence de ceux qui y écrivent est décisive pour le succès. Nous ne disposions d'aucun fonds pour notre nouvel organe à créer. Qui pourrait concevoir l'idée folle de nous donner de l'argent, à nous, ce groupuscule ridicule, qui était interdit par-dessus le marché, et ne jouissait d'aucune sorte de sympathie ni chez les autorités, ni dans l'opinion ?

Tout argent qu'on nous prêtait était perdu d'avance. De plus, nous n'étions pas épaulés par une organisation strictement disciplinée, emplie d'esprit solidaire. Celle-ci venait juste d'être disloquée par une interdiction rigoureuse au moment où nous allions la créer. Il nous fallut donc nous résoudre à cette tentative désespérée de faire pour ainsi dire jaillir du sol notre journal, sans argent et sans troupes. J'avoue aujourd'hui, que nous n'avons pas du tout été conscients à l'époque des difficultés de cette entreprise. Notre plan était le produit de notre témérité ; nous ne passâmes à sa réalisation que convaincus que nous n'avions au fond plus rien à perdre.

Mais le nom à lui seul était déjà un coup au but. La propagande de lancement du journal fit le reste pour faciliter la mise en route de l'entreprise. Dans la dernière semaine de juin, des affiches mystérieuses apparurent sur les colonnes d'affichage de Berlin, et nombreux furent ceux qui se cassèrent la tête dessus. Nous avions autant que possible gardé le secret sur notre plan, et nous réussîmes effectivement à le dissimuler entièrement aux yeux de l'opinion.

Une grande surprise s'empara de Berlin lorsqu'un matin on put lire sur des affiches rouge sang ce texte laconique : « *Der Angriff* ! » On fut intéressé lorsque, quelques jours plus tard, une deuxième affiche surgit sur laquelle la mystérieuse allusion de la première était certes précisée, mais sans fournir au non-initié la possibilité de se procurer le fin mot de l'énigme. Cette affiche annonçait :

« *L'attaque* (Der Angriff) *commence le 4 juillet.* »

Un hasard heureux voulut que le même jour le Secours Rouge placarda une autre affiche où l'on pouvait lire en lettres rouges menaçantes qu'en cas d'accident et de blessure, on devait s'adresser immédiatement au service sanitaire local de cette organisation communiste auxiliaire.

Pour l'opinion, le secret impénétrable qui se dissimulait derrière ces mystérieuses allusions, se trouvait ainsi levé. Il était manifeste que par « *attaque* », on entendait un putsch communiste. Ce putsch devait commencer à Berlin le 4 juillet, et l'avertissement du Secours Rouge le prouvait, le Parti Communiste s'occupait déjà des soins appropriés à donner aux blessés graves prévisibles.

Cette rumeur traversa comme l'éclair la capitale du Reich.

Elle fut reprise par la presse, qui commença à se poser de multiples questions. La presse de province manifesta un embarras craintif ; au Landtag, une interpellation au Gouvernement fut lancée par les partis du Centre, lui demandant de faire savoir s'il était en mesure de fournir des renseignements sur les rumeurs alarmantes qui avaient surgi dans l'opinion au sujet de désordres et de tentatives de putsch imminents de la part des communistes. En bref, une grande confusion régnait partout ; jusqu'à ce que, après deux journées, notre troisième et dernière affiche parut, faisant savoir que *Der Angriff* « *était la feuille allemande du lundi à Berlin* », qu'elle paraissait une fois par semaine, et qu'elle était rédigée « *pour les opprimés, contre les exploiteurs !* »

Par cet affichage publicitaire efficace nous avions réussi à faire connaître le nom du journal, avant même qu'il eût paru. Il fut déjà plus difficile de se procurer les fonds absolument nécessaires, quoique modestes, à sa fondation. Personne ne prêtait le moindre pfennig au Parti. Je dus me résoudre finalement à emprunter la somme de deux mille marks, pour laquelle je fournis une caution. Cette somme devait servir à assurer le départ de la nouvelle entreprise. Il paraît aujourd'hui ridicule de mentionner des sommes d'argent si peu importantes, mais à l'époque, elles représentaient pour nous une véritable fortune ; il me fallut courir partout des jours entiers pour les obtenir de sympathisants du Parti.

Le premier noyau d'abonnés se composa des militants du Parti restés encore fidèles. Ceux-ci participèrent au battage publicitaire pour le journal avec une ardeur inlassable. Chaque militant était persuadé qu'il s'agissait là de la tâche la plus importante du moment et que de sa réussite dépendait la survie ou la disparition de notre Mouvement dans la capitale du Reich.

La vente dans la rue fut confiée aux chômeurs S.A., l'impression et la publication du journal confiées à une firme sympathisante, et nous nous mîmes alors au travail.

La plus grande difficulté résidait dans la constitution d'un comité de rédaction. Le Mouvement n'avait pour ainsi dire pas de passé journalistique. Il comptait dans ses rangs de bons organisateurs et les meilleurs orateurs de l'époque, mais les écrivains, ou même les simples journalistes professionnels lui faisaient défaut. En dernier recours, il fallut bien mobiliser des militants. Ceux-ci firent preuve de beaucoup de bonne volonté et certains d'entre eux avaient aussi une certaine habileté pour rédiger, mais ils manquaient d'une véritable expérience de journalistes. Lorsque j'avais envisagé pour la première fois la création d'un journal, j'avais compté sur un rédacteur en chef que je connaissais et qui possédait parfaitement son métier. J'étais parvenu à le gagner à nos projets, mais au moment où ceux-ci allaient prendre forme, il fut arrêté pour un vieux délit de presse et incarcéré à la prison de Moabit.

Nous étions mal partis. Aucun de nous ne connaissait les techniques de presse, ni même n'en savait assez pour pouvoir s'occuper de la mise en page. La présentation d'un journal, les tâches préliminaires de chaque numéro, l'art des corrections même, tout cela était un mystère pour nous. Nous avons véritablement abordé ce travail sans la moindre connaissance technique, et ce fut une chance caractérisée qui nous permit de nous en tirer sans trop de discrédit.

Nous étions mieux au fait du style et de la forme que nous avions l'intention de donner à notre journal. Nous savions exactement ce que nous voulions et il n'y eut pratiquement pas de conflit entre nous à ce sujet. Que la présentation dut être absolument neuve et symboliser la Jeune Allemagne qui s'éveillait, cela était l'évidence même. Il fallait que *Der Angriff* eut un caractère combatif et agressif, et que sa présentation, son style, sa méthode, fussent adaptés à la substance et à l'esprit du mouvement.

Le journal était écrit pour le peuple. C'est pourquoi il devait utiliser son langage. Il n'était pas dans nos intentions de créer un organe pour le « *public cultivé* ». *Der Angriff* devait être lu par les masses, et celles-ci ne peuvent lire que ce qu'elles comprennent.

Ceux-qui-savent-toujours-tout-mieux nous ont parfois

reproché de manquer d'esprit et de culture. Ils fronçaient les sourcils devant l'absence d'intellectualisme qui caractérisaient nos productions littéraires et mettaient en parallèle le prétendu raffinement intellectuel avec lequel les organes bourgeois, surtout les juifs, étaient rédigés. Ces reproches ne nous touchaient guère. Il ne s'agissait pas pour nous de contrefaire ni de suivre une mode fausse et mensongère. Nous voulions conquérir les masses, nous voulions nous adresser au cœur de l'homme du peuple. Nous voulions nous mettre à penser et à rédiger comme lui et le gagner à nos idées politiques. Comme le résultat le montra plus tard, nous y sommes parvenus dans une large mesure.

Lorsque nous sortîmes en juillet 1927 avec un tirage de deux à trois mille exemplaires, il y avait alors à Berlin de grands organes juifs qui tiraient à cent mille et plus. Ils ne nous jugeaient pas digne d'attention. Aujourd'hui, alors que notre journal dispose d'un tirage imposant, ces feuilles sont oubliées depuis longtemps. Et pourtant, elles étaient si intelligemment, si brillamment écrites que le lecteur contractait des maux de tête en les lisant !

Ces plumitifs qui tiraient à la ligne se reflétaient vaniteusement et avec suffisance dans la brillante complication de leur intellectualisme ; ils se raffinaient en un tel style cultivé, à un tel point irréel, que les masses, finalement, ne pouvaient plus les comprendre.

Nous n'avons jamais commis ces erreurs. Nous étions simples, parce que le peuple est simple. Nous pensions élémentairement, parce que le peuple pense élémentairement. Nous étions agressifs, parce que le peuple ne craint pas de l'être. Nous écrivions consciemment comme le peuple ressent, non pour le flatter ou l'imiter, mais pour l'attirer peu à peu de notre côté en parlant sa propre langue, et le convaincre systématiquement du bien-fondé de notre politique et du caractère nuisible de nos adversaires.

Trois caractéristiques essentielles distinguaient notre nouvel organe de tous les journaux publiés jusque-là à Berlin :

un nouveau genre d'éditorial politique, un nouveau genre de survol hebdomadaire, et un nouveau genre de caricature.

L'éditorial politique était chez nous une affiche rédigée, ou plus exactement une harangue de rue transcrite sur le papier. Il était court, énergique, conçu en termes de propagande, et efficacement agitateur. Il considérait ce dont il voulait justement convaincre le lecteur comme tout simplement établi, et en tirait imperturbablement ses conclusions. Il s'adressait au grand public et était rédigé en un style que le lecteur ne pouvait pas ne pas remarquer. La plupart du temps, l'éditorial d'un journal bourgeois ou juif n'est pas lu du public. L'homme de la rue croit qu'il est réservé à l'intelligentsia des *happy fiew*. L'éditorial était au contraire chez nous la partie capitale de tout le journal. Il était écrit dans la langue du peuple et dès les premières phrases d'une rigueur doctrinale telle qu'aucun de ceux qui commençait à lire ne le mettait de côté sans l'avoir fini. Le lecteur devait avoir l'impression que l'auteur de l'éditorial était en fait un orateur qui se tenait à côté de lui et voulait le convertir à son opinion avec des façons de penser simples et convaincantes. Le point essentiel, c'était que cet éditorial reproduisait exactement le squelette de tout le journal, autour duquel se regroupaient organiquement tous les autres articles. L'ensemble du numéro avait ainsi un centre d'intérêt déterminé, et le lecteur était renforcé et endurci à chaque page dans cette tendance.

Le survol hebdomadaire résumait les événements politiques qui s'étaient déroulés au cours de la semaine, mais en les rattachant et les subordonnant à l'éditorial. Les faits étaient rapportés de façon lapidaire, et les conséquences politiques en étaient tirées dans une logique et une rigueur d'esprit inflexibles. A la longue, c'était certes quelque peu monotone, mais ne manquait pas d'effet dans la pratique. Nous considérions d'ailleurs que notre tâche était moins de faire de gros tirages que de présenter quelques idées politiques directrices, de formuler quelques grandes revendications, de les répéter aux lecteurs sous cent formes diverses sans jamais nous lasser.

À tout cela venait s'ajouter un style complètement nouveau

de la caricature politique. Sous la contrainte des lois, il était quasiment impossible d'exprimer par des mots ce que nous voulions et exigions. La parole fournit une possibilité d'exposer les faits qui reste très circonscrite et facilement passible de sanctions juridiques. Il en va différemment de la caricature politique. Elle est susceptible de nombreuses interprétations. On peut se dissimuler derrière elle à volonté. Ce que l'individu y lit, c'est son affaire. Le public aussi est plus enclin à pardonner à un dessinateur qu'à un écrivain, et à user d'indulgence envers lui. L'art de la pointe sèche paraît plus difficile au public lecteur et de ce fait plus admirable que l'art de la plume. C'est pourquoi on fait preuve envers lui d'une sympathie plus affirmée. La caricature tend suivant sa nature à des effets grotesques, ironiques, et quelquefois aussi cyniques. Elle suscite plus facilement le rire et stimule la pensée. Or il est bien connu que celui qui a les rieurs de son côté, a toujours raison. Aussi ne manquâmes-nous pas d'exploiter cette théorie. Où l'on nous interdisait d'attaquer par la plume, nous utilisions le crayon du dessinateur. Des représentants-types de la démocratie qui auraient fait preuve d'une sensibilité exacerbée pour le moindre article publié à leur sujet, se virent jetés en pâture à un public avide sous forme de cruelles caricatures. Un hasard favorable nous avait fourni un dessinateur politique hors pair. Au don de la représentation artistique, il joignait celui de la formulation efficace de mots d'ordre politiques avec un tel bonheur qu'il en résultait des compositions caricaturales d'un comique irrésistible.

Dans chaque numéro, nous terrassions ainsi les adversaires déclarés de notre Mouvement à Berlin, surtout l'adjoint au Préfet de Police, le Dr Weiss. Cela était fait la plupart du temps avec une effronterie si spirituelle et si hardie que l'attaqué se voyait dans l'impossibilité absolue de réagir, même en mettant la loi de son côté : il aurait été inévitablement ridiculisé et se serait fait prendre pour un mauvais joueur et un triste sire. Nos lecteurs s'habituèrent très vite à ce genre et bientôt attendirent avec impatience tous les samedis ce que *Der Angriff* allait réserver cette fois-ci aux puissants locataires de l'Alexanderplatz.

L'éditorial, le survol hebdomadaire, la caricature et les petits échos, constituaient un ensemble aux effets irrésistibles ; le journal atteignait ainsi son but. Il remplaçait, dans la mesure où c'était possible, le discours. Il rétablissait d'une manière idéale le contact rompu entre la direction et la base ; il créait à nouveau dans tout le Parti un solide lien de camaraderie et rendait à chaque militant la conviction que la cause n'était pas perdue, mais qu'on avait seulement changé de tactique pour la défendre.

Évidemment, il s'écoula un bon moment avant d'aboutir à ce résultat. Nous débutions à peine et devions surmonter quantité de difficultés techniques, qui nous mobilisaient entièrement. Comme le rédacteur en chef choisi pour le journal se trouvait encore à la prison de Moabit, je promus d'office notre administrateur politique à la rédaction provisoire de la nouvelle entreprise. Bien qu'ayant seulement une vague idée du travail qui l'attendait, il apportait dans sa nouvelle fonction un esprit sain et une certaine somme de capacités naturelles. Il lui fallait d'abord s'accoutumer à sa tâche. C'était d'autant plus difficile et lourd de responsabilité que les résultats de son labeur apparaissaient immédiatement aux yeux d'un large public ; le journal était lu non seulement par des amis bienveillants, mais aussi par des ennemis d'un scepticisme amer et d'une supériorité arrogante. La mise en page de notre premier numéro fut toute une affaire. Aucun d'entre nous ne s'y connaissait, chacun s'en rapportait à l'autre. Le temps pressait, et nous nous trouvions devant une tâche insoluble.

Un lundi matin, comme je revenais d'un bref voyage en Allemagne des Sudètes, je trouvai au kiosque de la gare de Hirschberg le premier numéro de *Der Angriff* tout juste paru. La honte, le découragement et le désespoir m'envahirent, lorsque je comparai ce succédané à ce que j'avais voulu en fait. Une feuille de chou minable ! Un fiasco imprimé ! Ainsi considérai-je ce premier numéro. Beaucoup de bonne volonté mais peu de capacité. C'était la conclusion d'une lecture rapide.

Et la plupart des partisans et des lecteurs pensèrent comme moi. On avait beaucoup espéré, beaucoup attendu, et peu avait été atteint. La plupart d'entre nous étaient prêts à jeter les armes dans le fossé et à abandonner définitivement la lutte. Mais dans un dernier sursaut, nous nous ressaisîmes, et ne voulûmes pas accorder à l'adversaire le plaisir de nous voir enfin sombrer et capituler sous ses coups.

Dès que je remarquai qu'une certaine résistance commençait à se faire sentir au sein même du Mouvement, que nos propres militants découragés et dégoûtés désespéraient du résultat, je me résolus à lancer nos dernières forces dans la bataille. A une réunion de Gau convoquée à Potsdam, je haranguai les militants et expliquai avec de longues précisions doctrinales le but et l'objectif de notre entreprise. Je tentai de faire comprendre aux membres du Parti qu'il était indigne d'un national-socialiste de désespérer pour un échec momentané, et d'abandonner une cause qui était juste, sous le seul prétexte que la route était semée d'obstacles. Je ne manquai pas de souligner que si nous doutions, cela signifiait la fin du Mouvement national-socialiste de Berlin et du terrain conquis jusqu'ici, qu'une immense responsabilité reposait sur nos épaules, et qu'il fallait que chacun réfléchisse bien avant de rejeter lâchement cette responsabilité. L'effet fut immédiat. Avec un courage neuf, l'ensemble des adhérents se remit au travail. Certes, nous avions lancé notre journal à un moment extrêmement défavorable, le premier numéro était sorti en plein milieu de l'été, le 4 juillet. L'organisation était paralysée, les fonds manquaient, un comité de rédaction valable n'était pas encore constitué, la technique journalistique laissait encore beaucoup à désirer. Mais là aussi, finalement, comme toujours dans les situations sans issue, notre volonté et notre résolution opiniâtres nous guidaient.

Nous voulions ! C'était suffisant. L'obligation à laquelle nous nous soumettions, était inéluctable. C'était suffisant. Les résistances peuvent toujours être brisées, si l'on a la volonté de le faire. Mais un Mouvement comme le nôtre ne doit jamais se laisser égarer par les difficultés. Les débuts de la nouvelle entreprise furent tout de suite menacés de faillite et d'effondrement. Mais nous fîmes courageusement face. Travail, application, obstination et aptitude nous ont permis de surmonter aussi ces difficultés. *Der Angriff* justifia rapidement son titre et devint une véritable attaque, continuellement renouvelée. Par un labeur infatigable, la feuille de chou minable se transforma, en très peu de temps, en un journal de combat suscitant l'attention et l'enthousiasme. Nous nous rapprochions du but. Nous attaquions.

Et des lors, le jeune organe sous sa nouvelle présentation devait causer plus de soucis à ceux contre lesquels il était rédigé qu'à ceux qui le rédigeaient !

Chapitre IX

Les fidèles et les lâches

Entre temps, nous étions parvenus au fort de l'été. La morte-saison sévissait. La vie politique de la capitale du Reich s'engourdissait de plus en plus et perdait toute vigueur. Le Reichstag était parti en vacances. De grandes surprises politiques n'étaient pas à prévoir dans l'immédiat. Le Mouvement national-socialiste de la capitale du Reich était apparemment brisé, et il n'y était fait la moindre allusion ni dans la presse, ni ailleurs dans l'opinion.

C'est ce que mirent à profit les éléments défaitistes qui s'étaient infiltrés à l'intérieur du Mouvement pour le disloquer et l'épuiser. Notre nouveau journal en était encore au stade préliminaire, et ne correspondait pas du tout, sous cette forme, aux désirs et exigences justifiées des militants. L'interdiction avait réduit à un minimum l'audience publique du Parti. Nous ne pouvions tenir à jour notre fichier d'adhérents que clandestinement et imparfaitement, et la perception des cotisations était ainsi très aléatoire.

Le Parti menait une existence lamentable. Il lui manquait les fonds nécessaires à une activité politique ; il n'avait pas de commanditaires privés, pas plus alors qu'aujourd'hui, et nous ne pouvions évidemment rien entreprendre avec nos seules ressources, parce que nous étions tous pauvres et que le peu d'argent qui était resté à la disposition de tel ou tel d'entre nous, avait été dilapidé après l'interdiction…

Chez les membres du Parti eux-mêmes une insatisfaction croissante se faisait jour, systématiquement attisée et entretenue par des éléments provocateurs. Le Mouvement fut agité par des nouvelles alarmistes constamment propagées et diffusées, ou travaillé par une entreprise de démoralisation secrète et maintenu dans une nervosité permanente.

Nous ne pouvions nous en défendre publiquement que dans une faible mesure ; car nous avions évidemment tout intérêt à soustraire le plus possible aux yeux de la police la vie interne du Parti, qui continuait à subsister, même après son interdiction, puisqu'il nous fallait bien redouter que, là où elle se manifestait ouvertement, les autorités n'interviennent par de rigoureuses mesures de police contre nous et le Parti.

La structure administrative du Mouvement reposait, une fois de plus, presque exclusivement sur les unités autonomes de la S.A. Le Parti n'était pas si solidement articulé et concentré sur lui-même qu'on pût l'engager dans une action politique clandestine. Cependant, la S.A., du moins dans ses groupes les plus anciens, avait conservé une cohésion intégrale. En les camouflant parfois sous des appellations des plus curieuses, on y créa des associations où l'idée nationale-socialiste était entretenue et où le travail se poursuivait dans la mesure où l'interdiction le rendait encore possible.

Il naquit des associations d'épargnants : « *A la pièce de cent sous dorée* », des clubs de joueurs de quille : « *De bon bois* », des équipes de natation : « *Bien mouillé* », et autres groupements fantaisistes du même genre, qui ne faisaient en réalité que perpétuer le Mouvement national-socialiste, dissout, au mépris des lois, par la Préfecture de Police.

On ne pouvait évidemment employer à cette tâche que des membres du Parti triés sur le volet et tout à fait sûrs. Le danger de la délation et des provocations organisées n'était que trop facilement concevable. Dès que notre activité dépassait un certain cercle très limité de personnes, elle parvenait inévitablement à la connaissance des autorités et faisait immédiatement l'objet de mesures de répression. Tous les défaitistes et les faibles voyaient leur heure sonner. Ils croyaient devoir faire la fine bouche devant les mesures adoptées par la direction du Parti sous la contrainte de l'interdiction, au lieu de les appliquer avec discipline. Ils s'estimaient à l'abri, considérant que le Parti n'avait aucune possibilité d'intervenir contre eux ou de s'opposer à leur entreprise défaitiste. Effectivement, il nous fallut assister en rongeant notre frein à ces honteuses manigances qui n'étaient que pour une faible part inspirées par des militants insubordonnés, mais pour une plus grande part par des éléments stipendiés, et remettre à des jours meilleurs nos représailles.

Dans un tel climat, notre esprit d'initiative, qui avait déjà été paralysé pour l'essentiel par la répression policière, tomba à un minimum. À peine prenait-on une résolution, qu'elle était disséquée et malaxée par des malveillants, et le plus souvent, il n'en résultait plus qu'un débat stérile et inefficace. Si cependant on n'entreprenait rien, ces gens-là déclaraient sadiquement que l'activité du Parti était figée et qu'on ne pouvait plus faire allusion à un Mouvement national-socialiste dans la capitale du Reich.

Der Angriff nous causait de grands soucis. La crise financière fut d'autant plus difficile à surmonter que nous avions été rapides à maîtriser les premières difficultés techniques. Nous avions fondé le journal sans aucun soutien financier. Nous n'avions pour seuls parrains que notre courage et nos doutes. L'entreprise se vit ainsi dès le départ menacée des plus graves ébranlements. Nos grands espoirs ne s'étaient réalisés que dans une faible mesure. Après un bref et subit succès de lancement, l'intérêt du public pour notre activité journalistique s'était brusquement éteint ; et comme il n'était pas possible de diffuser notre organe au-delà des milieux militants, les partisans convaincus perdirent bientôt toute confiance dans cette tentative. On considérait l'affaire comme dénuée de perspective. On déclarait que la création en avait été insuffisamment préparée, qu'on aurait dû attendre jusqu'à l'automne et ne pas s'exposer en été au danger de voir le journal dépérir tout de suite dans l'engourdissement politique de la morte-saison.

Le nombre des abonnés était lamentablement insuffisant ; les ventes à la criée ne nous permettaient d'écouler qu'un très petit nombre d'exemplaires de notre journal (paraissant chaque semaine le samedi soir). Les fonds nécessaires ne nous parvenant pas, il nous fallut nous endetter auprès de notre imprimeur, et en conséquence la présentation du journal en souffrit. Le papier était mauvais, l'impression était médiocre. *Der Angriff* semblait être une feuille de chou paraissant n'importe où, anonyme et obscure, définitivement privée de l'espoir de compter un jour au nombre des grands organes de presse de la capitale du Reich. Au bout d'un mois à peine, *Der Angriff* se trouvait objectivement au bord de la faillite. Seul le fait que nous parvenions toujours au dernier moment à récupérer ici et là une petite somme d'argent, nous sauvait de la banqueroute totale.

Tout notre temps et notre travail étaient accaparés par les soucis, financiers. De l'argent, de l'argent, et encore de l'argent ! Nous ne pouvions pas régler l'imprimeur. Les salaires n'étaient payés que par versements successifs. Nous étions redevables du loyer et des taxes téléphoniques. Le mouvement semblait étouffer sous une calamité financière.

Si, au moins, nous avions eu encore la possibilité d'organiser des réunions publiques et d'influer sur les masses par de grands orateurs ! Peut-être aurions-nous pu ainsi surmonter la crise financière menaçante, car nos réunions rapportaient toujours d'appréciables recettes, qui avaient constitué jusqu'à ce jour nos principales ressources. Mais les réunions étaient interdites d'une façon générale et là où elles semblaient autorisées, les autorités nous laissaient seulement entreprendre de coûteux préparatifs pour, à la dernière minute, les frapper d'une interdiction subite. Nous perdions ainsi non seulement la recette espérée, mais encore les fonds qu'il nous avait fallu engager pour préparer la réunion. Très souvent on a soulevé dans l'opinion la question suivante : d'où le Mouvement national-socialiste tire-t-il les énormes sommes nécessaires à l'entretien d'un grand appareil de parti et au financement de gigantesques campagnes de propagande. On a subodoré les fonds secrets les plus divers. Tantôt c'était Mussolini, une autre fois le Pape, parfois la France, la Grande Industrie, ou quelque banquier juif connu, qui finançait le Mouvement national-socialiste. Les soupçons les plus imbéciles et les plus absurdes furent évoqués. Pour compromettre le Mouvement, les pires ennemis du Parti furent cités comme ses commanditaires les plus généreux, et une opinion aveuglément crédule a été des années durant victime de ces contes de bonne femme.

Et pourtant rien n'est plus simple : le Mouvement nationale-socialiste n'a jamais reçu d'argent d'hommes et d'organisations situés hors de ses rangs, ou même qui combattirent publiquement le Mouvement et furent attaqués par lui. Il n'en avait d'ailleurs pas besoin. Le Mouvement national-socialiste jouit d'une telle vitalité qu'il peut se financer par ses propres moyens. Par ses seules cotisations, un Parti de quelques centaines de milliers de membres possède une base financière saine. Il peut ainsi, s'il est administré avec sagesse — et c'est l'évidence même chez nous — entretenir tout son appareil administratif. Mais les campagnes de propagande que nous organisons au cours d'élections ou de grandes actions politiques se financent par elles-mêmes.

Ce n'est incompréhensible pour l'opinion que parce d'autres partis, avec lesquels on nous compare, ne sont pas du tout en situation d'exiger un droit d'entrée dans leurs réunions. Ils sont trop heureux de remplir leurs salles en affichant « *Entrée libre* » et en promettant même des consommations gratuites. Cela provient du fait que pour une part ces Partis n'ont que des orateurs médiocres, et pour une autre, que les opinons politiques développées dans leurs réunions n'intéressent pas du tout et attirent fort peu les masses populaires.

Il en va autrement du Mouvement national-socialiste. Il dispose d'un ensemble d'orateurs dont on peut véritablement dire qu'il est, de loin, le meilleur et le plus efficace de l'Allemagne actuelle. Nous n'avons pas pris systématiquement à l'école ces orateurs pour les former en grands rhétoriciens, ils ont jailli du Mouvement lui-même. Leur enthousiasme leur procura la force et le pouvoir de remuer les masses.

Le peuple sent bien si un orateur croit lui-même ce qu'il dit. Notre Mouvement est sorti de rien, et les hommes qui se sont mis très tôt à sa disposition, sont pénétrés de la justesse et de .la nécessité d'un idéal politique qu'ils représentent avec une conviction aveugle devant l'opinion. Ils croient ce qu'ils disent ;

et par la magie du verbe, ils transmettent cette conviction a leurs auditeurs.

L'orateur politique n'a d'ordinaire jamais été chez lui en, Allemagne. Alors que les démocraties occidentales eurent très tôt constitué et affiné l'art du discours politique pour le peuple, en Allemagne même, jusqu'à la fin de la guerre, l'orateur politique voyait son activité limitée presque exclusivement aux débats parlementaires. Chez nous, la politique n'a jamais été l'affaire du peuple, mais seulement l'occupation d'une classe dirigeante privilégiée.

Avec l'essor du Mouvement national-socialiste il devait en aller différemment. Ce n'est pas le marxisme qui a politisé au sens propre les masses. Certes le peuple a été émancipé par la Constitution de Weimar, mais on n'a rien fait pour fournir une élémentaire possibilité d'action politique à cette émancipation populaire. Le fait qu'on négligea après la guerre de créer des salles de réunion où de grandes foules puissent être confrontées aux problèmes politiques était déjà la preuve que les pères de la démocratie n'avaient pas sérieusement l'intention d'éduquer politiquement le peuple, qu'ils ne voyaient plutôt dans la masse qu'un bétail électoral, tout juste bon pour aller jeter un bulletin dans l'urne, mais pour le reste une *misera plebs*, à écarter autant que possible des problèmes véritables de la vie publique.

Le Mouvement national-socialiste a été l'origine, sous bien des rapports, d'une notable transformation. Par sa propagande, il s'est adressé aux masses elles-mêmes, et il est parvenu, dans des années de combat à remettre en mouvement la vie politique allemande, déjà gravement figée. Il a inventé une langue toute nouvelle pour l'agitation politique, et a su populariser les problèmes de la politique allemande d'après-guerre de telle façon que l'homme du peuple aussi pût avoir pour eux de la compréhension et de l'intérêt.

On a souvent estimé notre agitation primitive et brutale. Mais dans cette critique sévère, on est parti d'hypothèses fausses. Certainement, la propagande nationale-socialiste est élémentaire : mais il est aussi vrai que le peuple pense primitivement. Notre propagande simplifie les problèmes, elle les dépouille consciemment de leurs oripeaux confus, pour les faire cadrer dans une perspective populaire. Lorsque les masses eurent reconnu que les angoissantes questions de l'actualité étaient traitées dans les réunions nationales-socialistes en un style et une langue que tout le monde pouvait comprendre, le flot des dizaines et des centaines de milliers d'auditeurs se déversa alors irrésistiblement dans nos réunions. L'homme du peuple y trouvait éclaircissement, stimulant, espoir et foi. Il s'y procurait un point d'appui solide où il pouvait se cramponner dans le doute de la confusion d'après-guerre. C'est pourquoi il était prêt à sacrifier à ce Mouvement son dernier sou. Seul le réveil des masses — il faut s'en convaincre ici — pouvait aboutir au réveil de la nation.

Telle est l'explication du fait que nos réunions enregistrèrent très vite un succès croissant et que le Parti, non seulement n'eut pas besoin d'engager des fonds pour cela, mais possédait en elles la meilleure et la plus durable des possibilités de financement.

Les autorités nous touchaient au point le plus sensible quand elles privaient du droit de parole des orateurs nationauxsocialistes connus, à commencer par le chef du Mouvement lui-même, parfois des mois et des années durant. Elles connaissaient l'énorme influence de ces agitateurs sur les masses, elles ne se faisaient pas d'illusion sur le fait que le grand enthousiasme qui emportent ces hommes dans leurs discours, se répercute aussi sur les masses et que le Mouvement reçoit ainsi une impulsion qu'aucune presse et aucune organisation ne peuvent compenser d'une autre manière.

La Préfecture de Police de Berlin, après la promulgation de l'interdiction, entreprit donc de rendre tout à fait impossible le travail de propagande du Mouvement. Et ce fut là le coup le plus dur qui pouvait nous atteindre. Nous perdîmes ainsi non seulement le contact avec les masses, mais notre source financière la plus importante se trouva tarie. Certes, nous tentâmes constamment de reprendre notre agitation de telle ou telle manière camouflée. Cela réussissait une fois, deux fois, puis un jour les autorités découvraient l'artifice et les interdictions s'abattaient à nouveau. La Constitution ne jouait qu'un rôle secondaire dans la pratique policière démocratique moderne. En général, les démocraties n'aiment pas trop faire de façons avec leurs propres lois écrites. L'exercice de la liberté d'opinion n'est guère garanti que si les conceptions défendues publiquement concordent avec celles du gouvernement en place et des partis de la coalition le soutenant. Mais qu'un citoyen indigne se risque à représenter une autre opinion que celle tenue pour juste officiellement, voilà qu'on se moque bien de la liberté d'opinion et qu'apparaissent à sa place la contrainte morale et la censure. Bien sûr, la victime peut en appeler à la Constitution, mais elle risque pour toute réponse de n'obtenir que des sarcasmes. Les droits de la Constitution n'existent que pour ceux qui l'ont établie, et ses devoirs, seulement pour ceux contre lesquels elle a été imaginée.

Tous les prétextes furent bons pour interdire nos réunions.

Nous manquions encore de possibilités pour compenser ces interdictions au moyen de la presse. Le genre de *Der Angriff* était encore trop récent, pour que les masses l'adaptassent sans plus de manière. Il débutait à peine. La substance de cette nouvelle entreprise de presse était encore si peu cristallisée qu'une influence à large emprise était tout à fait exclue dans l'immédiat. Au sein de notre propre Parti, *Der Angriff* faisait l'objet de nombreuses critiques : on le trouvait trop violent, trop radical, trop impétueux. Sa manière de procéder agressivement était trop démonstrative pour les tièdes.

En fait, ce n'était qu'une mauvaise passe qui nous causait peu de souci. On pouvait s'en sortir à force de travail et d'application. Une autre difficulté, qui a parfois entraîné le Parti dans de sérieux dangers et qui, cette fois comme dans toutes les autres crises, commençait à apparaître, nous réservait plus de tourments.

Le Mouvement national-socialiste en Allemagne n'a au fond pas de précédent. Certes, il se relie par ses revendications ou sa doctrine à tel ou tel mouvement culturel ou politique du passé, son socialisme rejoint celui de Stocker [30]. Dans ses tendances antisémites, il se fonde sur les travaux préliminaires de Dühring[31], Lagarde[32] et Theodor Fritsch[33]. Son programme racial et culturel est d'une manière essentielle et décisive influencé par les constatations fondamentales de Chamberlain[34].

Mais le N.S.D.A.P. n'a pas fait que reprendre aveuglément et sans discrimination le résultat de ces travaux et ne s'est pas contenté de les présenter après les avoir mêlés d'une façon plus ou moins originale. Ils ont été insérés dans notre travail intellectuel et doctrinal ; et l'essentiel de ce processus est que la doctrine nationale-socialiste a refondu tout ce grand patrimoine spirituel en une synthèse globale. Le national-socialiste intégral n'aime jamais rappeler qu'il a déjà collaboré à tel ou tel mouvement de l'avant-guerre, qui a une similitude éloignée avec notre Parti actuel. Le national-socialiste est un type politique tout à fait moderne et il se ressent en tant que tel. Sa substance est déterminée par les grandes explosions révolutionnaires de la guerre et de l'après-guerre.

Il n'empêche que des éléments nationaux continuent à hanter les rangs du Parti, tout en s'imaginant être les véritables pères spirituels de toute la conception nationale-socialiste. Ils ont fait d'une partie quelconque de notre monde d'idées leur obsession, et croient que le Parti est là uniquement pour employer toute sa force et son activisme en leur faveur.

Aussi longtemps que le Parti est mobilisé par de grandes

---

[30] Leader nationaliste allemand de l'époque wilhelminienne, chef du Parti social-chrétien.
[31] Dühring, philosophe et économiste allemand (1833-1921). Matérialiste, comme son maître Feuerbach, il fut l'objet des violentes attaques de Engels.
[32] Paul Anton de Lagarde, orientaliste, professeur à Götlingen. Conservateur et antisémite.
[33] Theodor Fritsch, né en 1838, ethnologue.
[34] Houston Stewart Chamberlain, philosophe anglais, était allé s'installer à Bayreuth en 1908. Naturalisé allemand en 1916, il était un fervent admirateur de Gobineau.

tâches politiques, ces velléités sont parfaitement inoffensives pour son évolution. Elles deviennent nocives dès que le Parti entre en crise par suite d'interdiction et de difficultés internes. Les spécialistes, intéressés uniquement par l'antisémitisme ou le racisme, s'octroient alors pleine liberté d'action.

Ils tentent avec application de confisquer le travail du Parti pour leur domaine réservé, parfois extraordinairement divertissant. Ils exigent des chefs du Parti que toute la force de l'organisation soit consacrée à la réalisation de leurs desseins bien précis et si ceux-ci s'y refusent, ils deviennent la plupart du temps des adversaires acharnés, de même qu'auparavant ils étaient les plus enthousiastes des partisans et se livrent à des attaques aveugles et effrénées contre le Parti et son activité publique.

À peine l'interdiction policière se fut-elle abattue sur nous et l'action politique du mouvement supprimée, que ces apôtres migrateurs du nationalisme apparurent en masse. L'un intervint pour la réforme de la langue allemande, l'autre crut avoir trouvé la pierre philosophale dans la biochimie ou l'homéopathie, un troisième vit dans Pückler, le comte antisémite, le sauveur du XXe siècle, un quatrième avait découvert une nouvelle théorie financière révolutionnaire, et un cinquième dévoilait la relation originelle entre nationalisme et désintégration atomique. Toutes ces activités plus ou moins ésotériques furent accrochées tant bien que mal au train du Parti. Les spécialistes confondaient leurs grotesques marottes avec le national-socialisme et exigeaient que le Parti s'alignât sur leurs revendications, le plus souvent éhontées et arrogantes, s'il ne voulait pas dissiper et gaspiller toute sa mission historique.

Seule une fermeté inébranlable peut limiter ce genre de dégâts. Nous n'avons jamais laissé prospérer de tels phantasmes dans notre mouvement, et plus d'un réformateur de l'univers qui vagabonda en sandales, sac au dos et chemise de sport, de notre côté, se vit expulser du Parti sans plus de cérémonie.

La Préfecture de Police n'avait manifestement pas envie de faire trancher devant un tribunal ordinaire la question de l'interdiction. Certes je fus souvent convoqué à Moabit pour l'affaire Stucke, le pasteur ivrogne ; mais pour un procès, ni le dossier, ni semble-t-il le courage, n'atteignaient un degré suffisant chez les autorités responsables.

Néanmoins, le Parti était toujours interdit, et toutes nos protestations demeuraient sans effet. La presse nationale se refusait encore à nous appuyer ; en fait, elle était secrètement satisfaite des entraves apportées à la concurrence que nous lui faisions dans la capitale du Reich et elle estimait que le maintien de l'ordre et du calme bourgeois traditionnels dépendaient de notre mise hors-la-loi.

Nos bureaux de la Lutzowstrasse étaient alors une espèce de centre de conspirateurs. Un travail régulier y devenait de plus en plus impossible. Presque chaque semaine, on y venait perquisitionner. En bas, dans la rue, ça grouillait de mouchards et de provocateurs. Nos dossiers et nos fichiers avaient été mis à l'abri au domicile de militants, nous avions affiché sur la porte de grands écriteaux sur lesquels on pouvait lire que le bureau des députés nationaux-socialistes se trouvait ici ; bien entendu, cela n'empêchait nullement la police de pénétrer à volonté en ces lieux et d'entraver notre travail à tour moment.

Nous enfoncions des portes ouvertes, l'adversaire ne faisait même plus face. Là où nous tentions de l'attaquer, il se dérobait. Il s'était retranché derrière la tactique éprouvée qui consistait à nous passer sous silence et aucune astuce de propagande ne parvenait à l'attirer hors de son abri. On ne parlait absolument plus de nous. Le national-socialisme était tabou à Berlin. La presse évitait ostensiblement de mentionner même notre nom. Dans les journaux juifs également, comme sur un ordre informulé, les articles nous fustigeant disparurent. On s'était aventuré trop en avant, et on cherchait maintenant à faire oublier par un silence appliqué les hurlements par trop criards des mois passés. Pour nous, c'était beaucoup plus insupportable qu'une attaque brutale et ouverte, car nous étions ainsi condamnés à une totale inefficacité. L'ennemi s'abritait lâchement dans ses retranchements et cherchait à nous anéantir en nous passant sous silence et en nous dédaignant.

Le national-socialisme ne devait être qu'un épisode dans la capitale du Reich. On voulait le stériliser progressivement en l'ignorant pour pouvoir passer aux affaires courantes au début de l'automne.

À Moabit, des S.A. affrontaient chaque jour les juges. Celui-ci avait porté une chemise brune hors-la-loi, celui-là avait mis en danger l'ordre public et la sécurité en arborant un insigne du Parti, cet autre avait giflé sur le Kurfürstendamm un juif insolent et arrogant. On leur faisait expier ces crimes par de lourdes peines draconiennes. Six mois, tel était le minimum auquel on condamnait nos S.A. pour de ridicules bagatelles. La presse n'en faisait même plus état. C'était peu à peu devenu naturel.

Le fait que les journaux juifs travaillaient d'après un plan de campagne déterminé et calculé à longue échéance nous était explicable. Leur but visait à la fossilisation du national-socialisme, enterrement discret, bâillonnement de ses chefs et orateurs. Mais il demeure incompréhensible que la presse bourgeoise se soit prêtée à cette honteuse manœuvre. Il lui était alors possible d'aider le mouvement national-socialiste de Berlin à se maintenir à la surface. Ce n'était là pas nous faire une faveur, mais seulement donner la parole à une juste cause. Elle aurait dû réclamer qu'au moins le Parti communiste fut aussi interdit, puisque le Mouvement national-socialiste l'était. Car, à supposer que ce que l'on nous reprochait correspondît réellement aux faits, le Parti Communiste avait un passif sanglant bien plus lourd que le nôtre. Mais les organes bourgeois n'osèrent pas traiter avec vigueur le Parti Communiste, parce que les communistes étaient les enfants politiques de la social-démocratie, parce qu'on savait que là où on les attaquait, tout Judas se portait leur garant.

À l'époque dans notre désespoir et face à la décrépitude apparemment inévitable de notre organisation berlinoise, nous avons une fois pour toutes désappris à mettre quelque espoir que ce soit dans la bourgeoisie. La bourgeoisie est lâche. Elle a peur de prendre des décisions et manque de caractère et de sens civique. Dans la presse bourgeoise, il est de mode de hurler avec les loups, et personne n'est assez téméraire pour s'élever contre eux. Il était de bon ton de persécuter le national-socialisme. Les plumitifs juifs l'avaient taxé de médiocrité et dans les milieux intellectuels, on le considérait comme inintelligent et inculte, vulgaire et importun, une personne de bien ne pouvait avoir affaire avec lui. Telle était la loi non écrite de l'opinion publique. Le philistin[35] entrait dans le chœur des persécuteurs par crainte d'être considéré comme retardataire et dépassé. Notre Mouvement était encerclé. Fatigués, malades et abattus, nous suivions le cours inévitable des choses. Le Parti nous échappait des mains, la tentative de l'éperonner encore une fois au moyen d'un organe de combat hardi et agressif avait échoué sur toute la ligne. Il semblait que la cause était entendue ; nous ne devions pas percer dans la capitale du Reich.

Souvent alors, nous avons momentanément perdu la foi en notre avenir. Pourtant, nous continuions à travailler. Non par enthousiasme, mais par haine désespérée. Nous ne voulions pas laisser nos adversaires jouir du triomphe de nous mettre à genoux. Dans une décrépitude paraissant irrésistible, l'entêtement nous procurait constamment un nouveau courage pour persister et lutter sans trêve.

De temps en temps, le destin nous était favorable. Un jour, la détention de notre rédacteur en chef finit par prendre fin. Épuisé et abattu, il revint de Moabit et se remit en silence à son travail. *Der Angriff* vit bientôt sa qualité s'améliorer. Le travail reprenait avec des forces fraîches.

Une courte lueur transperça pour la première fois à travers le sombre nuage qui nous obscurcissait. Déjà nous recommencions à espérer, déjà nous forgions de nouveaux plans. Les soucis restaient derrière nous, et nous marchions courageusement de l'avant.

Nous ne voulions pas capituler, nous étions fermement convaincus qu'un jour le destin ne refuserait pas ses faveurs et

---

[35] Terme né de l'argot des étudiants allemands, pour désigner des « personnes à l'esprit vulgaire, fermée aux lettres, aux arts, aux nouveautés. »

sa grâce à celui qui demeurait inébranlable dans la tourmente, la détresse et le danger !

Chapitre X

Nuremberg 1927

Les congrès ont toujours joué un rôle particulier dans l'histoire du Mouvement national-socialiste. Ils étaient des points de repère dans la grande évolution pratique du Parti. On y faisait le bilan du travail réalisé, et on y fixait, dans des résolutions politiques directrices, la ligne tactique de la lutte future.

Le congrès de 1923 a considérablement influencé les décisions critiques qui furent prises en cette année de tourmente. En novembre 1923, le Parti s'élança pour le dernier assaut, et lorsque celui-ci échoua, le Mouvement dans son ensemble fut frappé d'interdiction dans toute l'Allemagne. Les chefs du Parti aboutirent dans une forteresse ou en prison, l'appareil de l'organisation fut démantelé, la liberté de sa presse supprimée, et les militants se dispersèrent à tous les vents.

Lorsque Adolf Hitler fut rendu à la liberté en décembre 1924, il prit tout de suite des dispositions pour une restauration du Parti ; et en février 1925, le vieux Mouvement repartit sur une nouvelle base. À l'époque, Adolf Hitler avait prédit avec son don prophétique clairvoyant, que cinq années ne seraient pas de trop pour réédifier le Mouvement de façon qu'il puisse intervenir d'une manière décisive dans le cours de la politique. Ces cinq années furent emplies d'un travail inlassable, d'un élan combatif et d'une propagande de masse révolutionnaire.

Certes, au moment de sa reconstitution, le Mouvement devait pratiquement repartir à zéro, et cela paraissait d'autant plus difficile qu'il avait revêtu pendant un certain temps une importance politique certaine et s'était trouvé subitement rejeté dans le néant. En 1925, nous ne pûmes pas encore présenter devant un congrès le bilan de la nouvelle tâche tout juste entreprise. L'organisation en était à nouveau à son tout premier stade. Dans la plupart des régions du pays, elle travaillait sous surveillance policière, et parfois même en dépit d'interdictions non encore levées. Les militants n'avaient pas encore été rassemblés dans une unité organique. La direction du Parti se vit par conséquent obligée de renoncer à tenir un congrès tout en intensifiant d'un autre côté de toutes ses forces le travail d'agitation.

En 1926, nous étions à nouveau en selle. Le Mouvement avait victorieusement surmonté les difficultés préliminaires et avait créé à nouveau de solides points d'appui, dans tous les Gau et les grandes villes. À l'été 1926, eut lieu à Weimar le premier grand congrès du Parti depuis l'effondrement de 1923. Ce fut en soi un succès inespéré, étant donné le rapport des forces du moment. Le travail reprit aussitôt avec une vigueur accrue. Le Parti commençait peu à peu à briser les chaînes de l'anonymat et faisait son entrée dans l'opinion comme facteur politique décisif.

En 1927, on put enfin organiser un congrès dans un style plus impressionnant. Nuremberg fut choisi comme lieu de réunion, et un appel lancé à tout le Mouvement pour présenter, avec résolution et discipline, un témoignage vivant de la force inaltérable et de la puissance du Parti restauré.

Les congrès du N.S.D.A.P. sont très différents de ceux tenus par les autres partis. Conformément au caractère démocratico-parlementaire de leurs organisateurs, ceux-ci sont simplement conçus comme une occasion de discussions faciles. Les représentants du parti dans toutes les régions du pays s'y rassemblent pour des délibérations le plus souvent platoniques. La politique du parti y est soumise à une étude critique, et l'exposé de ces débats est ensuite exprimé au goût du jour dans de pompeux exercices de style, baptisés résolutions. Le plus souvent, ces résolutions sont dénuées de toute valeur d'information historique. Elles sont uniquement calculées pour porter sur l'opinion. On cherche souvent grâce à elles à colmater artificiellement les divergences latentes qui sont apparues dans le Parti, et personne ne ressent cela plus péniblement et plus douloureusement que ceux qui durant toute une année ont travaillé fidèlement et obstinément dans le pays pour leur mouvement.

C'est le cœur lourd, la plupart du temps, que les représentants de ces partis quittent le congrès auquel ils viennent d'assister. Ils y ont juste pris conscience des scissions nées dans leur mouvement. Ils ont la tête tournée par des discussions infructueuses, et l'impression d'avoir donné à l'opinion le spectacle lamentable de gens du même bord hésitant et se querellant. Le résultat du travail dans ces congrès est en général, du point de vue politique, égal à zéro. La politique ultérieure en est à peine influencée. Les bonzes du parti ne font que se procurer un alibi pour l'année en cours au moyen de manifestations de confiance artificielles, et poursuivent ensuite l'ancienne politique avec les vieux procédés sous la même forme. Les résolutions, prises d'un ton vigoureux et emphatique, ne servent en réalité qu'à jeter de la poudre aux yeux des militants regimbant et à les maintenir sous la houlette du parti.

Nos congrès à nous sont d'un tout autre esprit. Il n'y vient pas seulement les principaux représentants en titre du Parti. Ce sont des revues de toute l'organisation. Tout militant, et surtout tout S.A., considère comme un honneur particulier d'être personnellement présent aux congrès du Parti et d'œuvrer dans la masse des adhérents qui y participent. Le Congrès n'offre pas d'occasion stérile. Au contraire, il doit fournir à l'opinion l'image de l'unité, de la résolution et de l'inébranlable puissance combative du Parti en général, et bien mettre en évidence l'adhésion intime entre la direction et la base. Aux Congrès du Parti, le militant doit reprendre un nouveau courage et une nouvelle force. Le bruit rythmé du pas de parade des bataillons de la SA doit le stimuler et le renforcer tout comme la formulation vigoureuse et sans compromis des décisions adoptées. Du Congrès du Parti, il doit revenir avec des forces nouvelles pour poursuivre sa tâche.

Le Congrès de Weimar de 1926 avait conféré aux chefs, militants et S.A. qui s'y étaient rassemblés cette immense réserve de force, avec laquelle ils purent soutenir de rudes batailles, jusqu'en août 1927. Un reflet de ce prodigieux déploiement de force avait éclairé le travail de route une année. Maintenant, le Congrès de Nuremberg de 1927 devait prouver que le Parti, depuis, n'était pas resté au même niveau ou même n'avait pas perdu du terrain mais qu'au contraire, son travail était couronné de succès partout dans le Reich, et qu'à compter de maintenant, le Parti pouvait présenter à l'ensemble de la nation l'image indestructible d'une nouvelle force politique pour toute l'Allemagne germanique.

Surtout dans les régions où le Mouvement avait été combattu et terrorisé des années durant, on avait une prétention naturelle à ce que le Congrès du Parti exprime l'unité et la résolution de l'ensemble du Mouvement et ne sombre pas d'aventure dans une querelle interne sur le programme et la tactique.

Les adhérents de Berlin attendaient du Congrès de Nuremberg plus qu'un simple rassemblement de militants. L'année passée, il leur avait fallu livrer les plus dures batailles. Ils étaient sortis de ces luttes renforcés et aguerris, et maintenant, la possibilité d'exprimer en dehors de la pression des autorités et sans bâillonnement politique la résolution inébranlable de l'organisation de Berlin s'offrait à eux.

Les préparatifs de ce Congrès exigèrent des mois. Plus la pression de l'extérieur devint forte, plus s'accrurent la joie et la tension avec lesquelles on voyait s'approcher cette manifestation de masse. Le militant et le S.A. berlinois venaient chercher ici une force nouvelle pour la lutte ultérieure. Il voulait s'enivrer des défilés massifs où l'organisation de tout le Reich, de l'Est à l'Ouest, et du Sud au Nord, se donnait rendez-vous.

Trois semaines avant le Congrès, une cinquantaine de chômeurs SA partirent à pied de Berlin pour Nuremberg Dès qu'ils se furent éloignés quelque peu de la capitale, ils revêtirent à nouveau leur bon vieil uniforme et accomplirent au pas cadencé les centaines de kilomètres qui les séparaient du but de leurs désirs. On croira peut-être difficilement qu'il fut possible, en dépit du fait que le Parti avait été interdit, de faire partir trois trains spéciaux de Berlin vers Nuremberg en dérobant ce départ massif aux yeux des autorités. Et pourtant il en fut ainsi.

Dès le samedi qui précéda le Congrès, on était déjà assuré que ce rassemblement serait un succès prodigieux. Plus de quarante trains spéciaux venus de toutes les parties du Reich arrivèrent dans la matinée à la gare centrale de Nuremberg, et en outre, une quantité énorme de participants déferla à pied et en vélo, en cohortes de marche et en camions, vers la vieille cité du Reich.

Le Mouvement national-socialiste est mort ! Ses adversaires s'en étaient réjouis deux années durant ; et maintenant, c'est exactement le contraire qui apparaissait. Non seulement le Mouvement ne s'était pas effondré sous les coups des persécutions officielles, mais il les avait victorieusement encaissés et se dressait maintenant plus fort que jamais.

Le seul nom de Nuremberg était entouré pour la plupart des militants d'un charme sans pareil. Pour eux, il symbolisait tout simplement l'Allemagne. Sous les murs de cette ville avaient été créées des œuvres artistiques de renommée mondiale. Quand on parlait de Nuremberg, on évoquait la meilleure tradition allemande qui, grosse d'avenir, montrait la voie à suivre.

Une fois déjà, en un temps difficile, des fils d'Allemagne s'étaient mis en marche dans cette ville par dizaines de milliers, salués et acclamés par des patriotes allemands, qui croyaient que le nouveau Reich était déjà édifié. Ceux qui manifestèrent alors si formidablement et d'une manière si enthousiasmante dans la période la plus critique de l'après-guerre, virent le vide s'ouvrir devant eux, tout n'ayant pas été étayé et organisé, et en ces mois malheureux d'après l'écroulement du Parti, un grand héritage se trouva administré par des hommes qui n'étaient pas à la hauteur de cette tâche.

Cette fois, l'Allemagne nationale regardait à nouveau vers Nuremberg, où les chemises brunes nationales-socialistes défilaient par dizaines de milliers, manifestant pour un État nouveau. La foi et l'espoir de centaines de milliers de gens accompagnaient la marche victorieuse de ces jeunes activistes, qui avaient prouvé au cours d'une lutte acharnée de deux ans, que l'idée nationale-socialiste et son organisation politique ne se laissaient pas intimider par aucun procédé ni aucune terreur.

Le 9 novembre 1923, la première tentative avait échoué. Elle n'avait pas rempli sa mission historique et fait provisoirement place au chaos. Après une période de profonde dépression, la réédification du Mouvement avait débuté en février 1925, et maintenant on allait montrer pour la première fois que le niveau du Parti était tout autre qu'en 1923, et que le Mouvement marchait à nouveau en tête de l'Allemagne nationale-révolutionnaire.

Pleine de foi et de confiance, la nation assistait à cette parade des masses nationales-socialistes. Chaque S.A. sentait qu'il était avec le camarade défilant à ses côtés comme la pointe acérée d'un glaive d'acier, et que c'était sa hardiesse, sa bravoure et son opiniâtre persévérance qui l'avait conduit jusque-là. Il avançait à travers ces journées, pénétré de fierté et d'exaltation. Il avait relevé le drapeau abattu, le portant de l'avant à travers les ténèbres. L'étendard était fermement planté. Partout, dans chaque ville, dans chaque village, on connaissait le drapeau flamboyant de l'Insurrection populaire nationale-socialiste, et là où on ne voulait pas apprendre à aimer le Mouvement on avait tout au moins appris à le haïr et à le craindre.

Ils venaient des usines, des mines et des bureaux, de la charrue et de la herse, et au milieu d'eux, se dressait le chef. On lui savait gré que la politique du Mouvement n'avait pas varié d'un Iota. Il garantissait qu'à l'avenir, il en irait de même.

Aujourd'hui, il n'y avait plus ni écrivain ni prolétaire, ni valet de ferme ou petit fonctionnaire. Aujourd'hui, ils étaient tous les derniers Allemands, qui ne voulaient pas désespérer de l'avenir de la nation. Ils étaient les détenteurs de l'avenir, les garants que l'Allemagne était vouée non au naufrage, mais à la liberté. Pour des centaines de milliers sur des millions d'êtres, ils étaient devenus le symbole d'une foi nouvelle en marche. S'ils n'étaient pas là, tous savaient qu'alors l'Allemagne devrait désespérer. Et ils allaient, le cœur gonflé de fierté, les étendards brandis dans le vent, laissant se répercuter contre les murs de la vieille cité d'Empire le rythme fracassant de leur pas cadencé.

La jeune Allemagne se dressait et réclamait ses droits. Les drapeaux flottaient sur la ville : ceux dont le sang avait coulé sous ces drapeaux étaient innombrables, innombrables ceux qui avaient été jetés en prison ou qui étaient tombés.

Ils ne voulaient pas l'oublier ; ils ne voulaient surtout pas oublier en ce jour où ces drapeaux, sous un soleil éclatant et acclamés par la foule, étaient portés à travers les rues de la ville de Hans Sachs[36] et d'Albrecht Dürer[37].

A l'occasion du Congrès, *Der Angriff* fit paraître pour la première fois un numéro spécial. Sur la première page, un dessin galvanisant : un poing enchaîné rompt ses fers et brandit un drapeau déployé. En dessous, ce texte laconique :

« Interdit, pas mort ! »

C'était ce que chaque militant et S.A. berlinois ressentait obscurément et sourdement ; le Mouvement avait surmonté victorieusement toutes les crises et tous les coups meurtriers. Avec témérité et hardiesse, il avait bravé une interdiction absurde et implacable, et à l'heure présente, il défilait pour montrer à l'opinion qu'on pouvait peut-être l'interdire, mais non le détruire. Les délibérations préliminaires débutèrent dès le vendredi après-midi. Les participants au Congrès siégeaient

---

[36] Poète allemand né et mort à Nuremberg (1494-1576), qui composa des pièces lyriques telles que *Le Rossignol de Wittenberg*, mais aussi de farces et de drame se fondant dans la tradition médiévale. Il apparaît sous les traits du héros des *Maîtres chanteurs de Nuremberg* de Richard Wagner.

[37] Son génie s'exprima dans la peinture, à l'huile avec *La Fête du rosaire*, 1506 ou dans l'aquarelle et la sculpture, traitant de thèmes médiévaux puis se rapprochant du courant italianisant de la Renaissance, de *La Grande Passion* en 1498 à *Saint Jérôme et la Mélancolie* en 1514. Malgré un tour de compagnon qui le mena à Colmar, Bâle ou Strasbourg, et deux voyages à Vienne, il manifesta son attachement à Nuremberg où il passa l'essentiel de sa vie, de sa naissance en 1471, à sa mort en 1528.

dans des groupes spéciaux déterminés qui représentaient déjà en tant que tels des tentatives instructives de pré-constitution de futurs états-généraux. Les séances étaient empreintes de gravité morale et du plus profond sens des responsabilités. Les points mis au débat furent — et ce n'est pas une contradiction en soi — réglés presque sans discussion, puisque pour ainsi dire sur toutes les questions, l'unanimité régnait parmi les délégués. On ne discourait pas, mais on agissait et on prenait de fermes résolutions. À partir de ces échanges de vues, les rapporteurs de groupe formulèrent leurs propositions qui furent transmises au Congrès s'ouvrant le lendemain. Il n'y eut pas de votes. Cela eut été d'ailleurs plutôt dépourvu d'intérêt puisqu'ils auraient toujours présenté la même image d'unanimité et de résolution.

Au dehors, les tambours battaient déjà. Les premiers trains spéciaux de chemises brunes arrivaient.

Le samedi vit s'abattre une véritable nuée de locomotives et de camions. À l'aube, Nuremberg présentait dès l'entrée de la ville un visage tout nouveau. Les trains spéciaux se succédaient. Les unes après les autres, de longues colonnes de chemises brunes rejoignaient leurs quartiers à travers la ville.

La musique jouait dans les rues, déjà pavoisées.

Le Congrès s'ouvrit vers midi. La spacieuse salle des Associations Culturelles était remplie de graves assistants.

Une porte de côté s'écarta, et aux acclamations sans fin des spectateurs, Adolf Hitler pénétra dans la salle avec les principaux chefs.

Dans des discours brefs, se suffisant à eux-mêmes, la politique du Parti fut clairement définie. Le Congrès se prolongea jusqu'à sept heures du soir, et Nuremberg fut ensuite entièrement dominée par le Mouvement de masse national-socialiste en marche. Vers dix heures du soir, lorsque les colonnes sans fin des S.A. porteurs de torches défilèrent devant le Führer, à la Deutschen Hof, chacun fut conscient que ce Parti constituait un rocher dressé au milieu de la mer enflammée de l'effondrement allemand. Enfin ce fut le grand jour. La brume couvrait encore la ville lorsque les S.A. se rassemblèrent à huit heures du matin pour un grand appel massif à Luitpoldhain. Section par section, les détachements bruns se regroupèrent avec une discipline exemplaire, jusqu'à ce qu'au bout d'une heure, les larges terrasses soient emplies de troupes compactes.

Lorsque Adolf Hitler parut à ses fidèles, sous des acclamations ininterrompues, le soleil jaillit des sombres nuages. La remise des nouveaux étendards commença.

Les vieilles couleurs ont été humiliées, le drapeau de l'ancien Reich traîné dans la poussière. Nous donnons à notre foi un nouveau symbole.

Départ ! Dans les rues, ils étaient des milliers et des milliers à s'entasser. Fleurs, fleurs, fleurs ! Chaque S.A. était paré comme un guerrier victorieux, revenant dans la patrie après une bataille. Au Grand Marché, le défilé eut lieu devant une foule immense s'étirant à l'infini, pendant des heures. Sans arrêt de nouvelles cohortes brunes s'ébranlaient et saluaient leur chef.

Le soleil luisait au-dessus de nous, et encore et toujours des fleurs. La jeune Allemagne défilait.

La S.A. berlinoise était en tête. Dès qu'elle parut, les acclamations redoublèrent. Pour la première fois ici, le cœur du peuple allemand lui répondait. La S.A. berlinoise était composée pour la plus grande partie de ces prolétaires qui, un jour de juillet, s'étaient mis en route pour Nuremberg, le sac à dos rempli de tracts, de journaux et de livres. Chaque jour, quel que fut le temps, ils marchaient 25 kilomètres, et quand ils faisaient halte le soir, ils négligeaient repos et tranquillité pour aller répandre leur idéal politique très tard dans la nuit.

Dans certaines grandes villes, ils avaient été accueillis par des crachats et des coups, mais cela n'avait aucune importance : ils ne pensaient qu'au Congrès.

Aujourd'hui, ils défilaient avec leurs camarades. Sept cents

S.A. de l'organisation interdite de Berlin, venus à pied, à vélo, en camions et en trains spéciaux, partirent pour Nuremberg et s'y retrouvèrent. Des mois durant, ils s'étaient restreints sur la nourriture, ils avaient renoncé à la bière et au tabac, certains mêmes avaient littéralement crevé de faim pour réunir l'argent du voyage. Ils perdaient deux jours de salaire, et le prix du seul train spécial se montait à 25 marks.

Plus d'un de ces Sept Cents ne gagnait que 20 marks par semaine. Pourtant, même celui-là avait économisé l'argent du voyage, et ce samedi matin, aux côtés de ses camarades, il était descendu le cœur battant des wagons qui les amenaient de Berlin à Nuremberg. Le soir, il défilait avec des dizaines de milliers d'autres devant le Führer, brandissant haut sa torche brûlante et saluait. Ses yeux brillaient. Il ne savait vraiment pas s'il devait croire que tout cela était vrai. Chez lui, on ne l'avait que couvert d'injures et bafoué, matraqué, jeté en prison. Et voilà qu'au long des rues des milliers et des milliers de gens le saluaient et criaient *Heil* !

Au-dessus de la vieille cité du Reich le ciel bleu et profond s'étendait telle une immense voûte ; l'air était comme du cristal, et le soleil riait, comme s'il n'avait jamais vu une telle journée...

Et maintenant éclataient les fanfares menant les interminables colonnes en marche. On croirait presque qu'un tel spectacle ne peut avoir de fin. Dans les rues, de noires murailles humaines attendaient. Pas un cri hostile. Au contraire ! Ils faisaient tous des signes amicaux et acclamaient, comme s'il s'agissait de guerriers vainqueurs, et lançaient des fleurs et toujours des fleurs. Les Sept Cents défilèrent en tête. Parce qu'ils avaient livré un an durant le plus dur des combats, ils étaient maintenant couverts de fleurs. Ils les portaient à leur ceinturon, toujours plus nombreuses. Les képis ne furent bientôt plus que des bouquets de fleurs épanouies, et les filles riaient et leur faisaient signe. Chez eux, on les couvrait de crachats...

Et ce fut le défilé devant le Führer. Par milliers, par dizaines de milliers, ils saluaient au cri de « *Heil* ». On s'entendait à peine. Ils arrachèrent les fleurs des ceinturons et les lancèrent à la foule qui acclamait.

Défilé. Les jambes volèrent, pendant que la musique exécutait la *« Marche parade des grands gaillards »*.

Et puis le soir arriva, fatigant et lourd. Il commença à pleuvoir. Dans une ultime réunion analeptique des délégués au Congrès, la force révolutionnaire concentrée du mouvement se manifesta encore une fois. Les rues au dehors étaient pleines de gens joyeux et enthousiastes. C'était comme si le nouveau Reich était fondé.

Roulement des tambours et son des fifres. Un enthousiasme qu'engendrait seul le cœur pur d'une jeunesse allemande ardente. Dans sept réunions de masse, les grands orateurs du Parti parlèrent dans la soirée à des dizaines de milliers d'auditeurs.

La nuit tombait. Un grand jour s'achevait. Pour tous ceux qui y avaient participé, il devait être une source de force pour toute une année de travail, de souci et de lutte.

Et maintenant, enfonce plus le casque !

Tard dans la soirée, la S.A. berlinoise quitta la vieille cité du Reich dans ses trains spéciaux. Mais à l'entrée de Berlin l'attendait une surprise telle qu'aucun n'aurait osé y croire. A Teltow, les trains furent subitement arrêtés, toute la gare fut occupée par des Schupos et des inspecteurs de police judiciaire. Une fouille à la recherche d'armes fut entreprise à tout hasard, et ensuite on mit à exécution la plus absurde de toutes les expériences, en arrêtant sur place sept cents nationaux-socialistes, partis dans le calme le plus complet pour leur Congrès de Nuremberg, et en les amenant dans des camions tenus en réserve à la Préfecture de Police de Berlin.

Pour le coup, c'était un véritable trait de génie de l'Alexanderplatz. À l'époque, c'était la première fois qu'une arrestation massive de ce style était réalisée, et elle excita de ce fait dans tout le pays et à l'étranger le plus grand intérêt. Sous le couvert de fusils et matraques levées, sept cents personnes innocentes furent arrêtées massivement et livrées à la police.

Ce n'était pourtant pas le pire. La manière dont cette arrestation avait été mise à exécution était beaucoup plus provocante et odieuse. On savait que le chef du Parti avait solennellement remis à la S.A. berlinoise deux nouveaux étendards. On pensait bien que ces deux étendards avaient été emportés dans le train avec tous les autres glorieux drapeaux de la S.A. berlinoise, et on ne rougissait pas maintenant de faire saisir par la police ces symboles de la lutte du mouvement.

Au dernier moment, un jeune S.A. eut une idée désespérée. Il coupa l'étoffe de son drapeau et la dissimula sous sa chemise brune.

— *Qu'est-ce que vous avez là sous votre chemise ? Ouvrez ! Le garçon pâlit. Une main sale écarta la chemise brune ; et ce gamin commença alors à bouillir. Il se démena, griffa, cracha. Il fallut huit hommes pour le maîtriser. L'étoffe de son cher drapeau lui fut arrachée en lambeau de sa poitrine.*

Est-ce une action d'éclat et fait-elle honneur à la police d'un État civilisé ?

Le garçon avait les larmes aux yeux. Il se releva subitement et dressé parmi ses camarades, il commença à chanter. Celui d'à côté reprit, et puis de plus en plus, jusqu'à ce que tous se mirent à chanter. Ce ne fut plus un transfert de détenus qu'on véhiculait dans trente, quarante camions, à travers les rues de Berlin qui s'éveillait tout juste — c'était un défilé de jeunes héros.

« *Deutschland, Deutschland Uber Alles !* » c'est ainsi que retentit le chœur pendant tout le trajet dans les camions. Le petit-bourgeois se frottait les yeux avec étonnement. On lui avait pourtant dit que le Mouvement national-socialiste était mort. On croyait pourtant que l'interdiction et la persécution et la prison lui avaient donné le coup de grâce. Et voilà que maintenant il se redressait vigoureusement, plein de courage, et qu'aucune entrave ne pouvait arrêter son essor.

Sept cents hommes s'entassaient dans un grand hall, tels des prisonniers. On les appela un par un devant le policier qui les interrogea. Ils se présentèrent à lui avec hauteur et insolence et répétèrent à chaque question fermement et invariablement avec une indifférence stéréotypée :

— *Je refuse de répondre.*

Tout ceci souligné par le chant des camarades :

« *La liberté n'est pas encore perdue !* »

Avec ces S.A., on pouvait marcher contre le diable. Ils avaient planté dans leur cœur leurs drapeaux hors-la-loi. Là, ils y étaient en sécurité, et le jour n'était plus éloigné, où ils allaient resurgir dans une pureté étincelante. Il fallut naturellement très vite relâcher sans histoire les sept cents appréhendés. Ils n'avaient commis aucun délit ; mais il ne s'agissait pas du tout de ça.

La police voulait seulement montrer à nouveau à l'adversaire battu sa puissance arbitraire. Elle voulait démontrer qu'elle était sur ses gardes. Le lendemain, lorsque les Sept Cents retournèrent à leur travail, plus d'un trouva sa place prise par un autre.

Le prolétaire revenait devant sa machine et voyait qu'il avait déjà été remplacé par un collègue. On jette facilement à la rue dans cette démocratie de la liberté et de la fraternité ! Le fonctionnaire rentrait chez lui et trouvait sur sa table l'annonce d'une sanction disciplinaire. On lui avait pourtant garanti officiellement la liberté d'opinion lorsque la réaction avait été abattue et l'État le plus libre du monde formé.

Comme nous l'apprîmes par la suite, l'opération de la police berlinoise à Teltow, qui avait consisté en l'arrestation apparemment insensée de sept cents nationaux-socialistes revenant du Congrès de Nuremberg se révéla non dépourvue d'intérêt pour ceux qui l'avaient montée. D'après les estimations du Parti, 74 salariés parmi les interpellés qui avaient perdu une journée de travail du fait des interrogatoires policiers, furent licenciés et perdirent leur place et leur pain. Du côté des fonctionnaires qui avaient fait l'objet de sanctions administratives, on trouvait toute une série de fonctionnaires supérieurs, moyens et subalternes, des comptables, des sténotypistes. Enfin, un grand nombre des victimes étaient des artisans des branches professionnelles les plus diverses.

Avec un tel succès, on pouvait jouer les gros bras. On devait avoir le sentiment apaisant d'avoir nui à des gens qu'on ne pouvait atteindre par les articles de la loi, en les touchant matériellement, dans leur profession. Et finalement, c'était bien une vengeance efficace, quoique facile.

Der Angriff riposta à sa manière. Dans son numéro suivant, il publia une caricature représentant le Dr Bernhard Weiss, adjoint au Préfet de police berlinois, dans une situation grotesque inimitable. Il se tenait là, une paire de lunette à grande monture sur son large nez, les mains croisées dans le dos, regardant avec étonnement un

S.A. qui lui faisait face, le képi brun paré de fleurs sur la nuque, et lui présentait avec un large sourire un entonnoir de Nuremberg Le texte précisait :

« *La sagesse vient avec les emplois.* »

Et en dessous :

« *Nous rapportons au cher Bernhard un petit cadeau de Nuremberg.* »

Mais voici ce qu'écrivait l'Administration :

Berlin, le 30 août 1927.

Le Préfet de Police.

Registre de départ N° 1217 P. 2-27.

À Monsieur l'Inspecteur de Police judiciaire auxiliaire Kurt Krischer,

Département IV.

Du fait de votre participation en uniforme dit hitlérien à la randonnée de Nuremberg de l'organisation berlinoise dissoute du Parti Ouvrier Allemand National-Socialiste, et du fait que plusieurs exemplaires du journal Der Angriff *et des bulletins d'adhésion au Parti ont été découverts chez vous, j'en conclus que vous continuez à militer pour une organisation interdite. Cette activité est incompatible avec votre position de serviteur de l'État. C'est pourquoi je me vois contraint de vous signifier sans délai votre cessation de service à compter du 31 de ce mois.*

Signé : Zorgiebel

Tel était le but, telle était la méthode. Souci et détresse s'abattirent à nouveau sur le Mouvement. Beaucoup de ses membres payèrent leur participation à la journée de Nuremberg par la faim, la misère et le chômage. Pourtant, cela eut aussi son bon côté. Dans les rangs des militants la colère et l'indignation crûrent à l'extrême. Mais cette fois, elles ne s'exhalèrent pas dans des actes terroristes insensés. Elles se donnèrent plutôt cours dans le travail et le succès. Le grand élan qui avait parcouru les démonstrations de masse nationales-socialistes à Nuremberg entra en ligne de compte avec les soucis quotidiens grisâtres. Que pouvaient nous faire l'interdiction de parole, les difficultés financières et la dissolution du Parti. L'organisation berlinoise avait montré au Mouvement du Reich qu'elle supportait le choc. Mais le reste du Parti avait aussi montré au Mouvement berlinois qu'on était vigilant dans le reste du Reich et que nous ne nous battions pas sur des positions perdues mais qu'au contraire notre lutte se répercutait dans tout le Mouvement national-socialiste. L'ensemble du Parti appuyait l'organisation berlinoise et suivait d'un cœur ardent la prolongation de la lutte.

Le Congrès du Parti commençait à se répercuter dans notre tâche quotidienne. La morte-saison était passée, l'été avec tous ses soucis et ses misères, se trouvait derrière nous. La vie politique commençait à se dégeler. Avec de nouvelles forces, nous marchions vers de nouveaux objectifs. Et par-dessus tout, les journées de Nuremberg luisaient comme un flambeau prometteur de victoires !

Le cœur pur d'une jeunesse allemande ardente.

# Chapitre XI

La crise surmontée

Voici quelques échantillons de la correspondance administrative au lendemain du Congrès de Nuremberg

Préfecture de Police. Département 1 A.

À Monsieur le Député au Reichstag

Dietrich-Franken.

Au sujet de la plainte que vous m'avez transmise hier personnellement, je vous communique que je n'ai aucune objection à la restitution des insignes saisis appartenant à l'économat du Bureau des Députés.

Je suis également prêt à faire restituer les drapeaux saisis, au cas où il pourrait être établi de façon indubitable que ceux-ci appartiennent à des groupes locaux extérieurs du N.S.D.A.P.

Le Préfet de Police

Par délégation : Wündisch.

Préfecture de Police Département 1 A

À Monsieur Heinz Haake.

Objet : Lettre du 25 août 1927, concernant l'interdiction de parole du Dr Goebbels.

Du fait de la dissolution du N.S.D.A.P. dans le Grand Berlin, toute activité de l'organisation dissoute à l'intérieur de ce département est inadmissible. Ne rentrent pas dans cette catégorie les seules réunions où le public a accès et dans lesquelles exclusivement des députés du N.S.D.A.P. font office d'orateurs pour faire de la propagande en faveur des conceptions des adhérents au Parti représentés par eux, en vue des prochaines élections. Une participation de l'ancien chef du N.S.D.A.P. de Berlin, M. le Dr Goebbels, en tant qu'orateur dans des réunions électorales du N.S.D.A.P. à Berlin, ne peut par conséquent pas être envisagée, puisqu'il faudrait y voir une poursuite de l'activité du N.S.D.A.P. interdit du Grand Berlin. Si le Dr Goebbels devait cependant participer comme orateur à des réunions du N.S.D.A.P., j'en prononcerais la dissolution immédiate.

Par délégation :

Certifié : Krause Secrétaire de Chancellerie.

Réponse de **Der Angriff** :

« Moi, Krause, je frapperai donc la Constitution au visage, refuserai au Dr Goebbels la liberté garantie à chaque citoyen allemand d'exprimer son opinion, et s'il devait oser quand même ouvrir la bouche, dispersenrai la réunion.

« Méchant Krause, nous apprenons en tremblant tes terribles menaces. Nous ne manquerons donc pas avant toute réunion de demander d'abord, très intimidés : Krause est-il dans les parages ?

« Mais auparavant, nous prenons nos tablettes en main, pour y noter ton nom. »

Une caricature de **Der Angriff** :

Un petit bonhomme dans lequel le lecteur reconnaît sans peine l'adjoint au Préfet de Police de Berlin le Dr Weiss est assis, penché et soucieux, sur un coffret.

Il retient de toutes ses forces le couvercle de ce coffret fermé.

Sur celui-ci il y a écrit : « *N.S.D.A.P. Berlin* ». Sur l'image d'à côté :

Un S.A. souriant jaillit du coffret faisant voler le juif dans le décor. Texte : « *Quand tu penses le tenir, il saute hors de la boîte.* »

Un S.A. s'était trouvé dans une situation pénible à la suite de son arrestation à Teltow. Il faisait partie des licenciés. Mais son patron ne voulait pas croire qu'une interpellation constituait la raison de son absence au travail. Le S.A. en question écrivit au Préfet de Police et demanda une attestation des motifs qui déterminèrent son arrestation à Teltow pour qu'il puisse en faire état devant son patron. Voici quelle fut la réponse :

Le Préfet de Police Département 1 A A Monsieur J. Sch. Berlin-L.

Je ne puis donner aucune suite à votre demande du 24 août 1927 de communication d'une attestation policière des motifs de votre interpellation le lundi 22 août 1927 en gare de Teltow. Signé : Wündisch.

D'un article de **Der Angriff** du lundi 26 septembre 1927 :

« *Des arrestations insensées sont opérées. Quiconque laisse tomber une remarque quelconque sur les brutalités de la Schupo, est arrêté. Un inoffensif citoyen, qui ne fait que passer, reçoit un coup de crosse dans les reins et lorsque, ahuri, il se retourne, une brute en uniforme vert lui lance au visage :*

« Allez-vous-en, sinon je vous casse la tête. ».

« *Lorsque le député au Reichstag Dietrich se rendit au commissariat pour y voir les appréhendés, il y fut molesté. Un invalide de guerre l'accompagnant fut jeté à terre lorsqu'il osa intervenir en faveur d'une femme dont le corsage avait été arraché, et que le lieutenant de police Laube insultait de la manière la plus ordurière.* »

Du même numéro :

« *Sanglante bagarre à Schöneberg. À la suite d'une réunion électorale du député au Landtag Haake, de sanglants heurts avec les communistes se sont produits. Comme l'un des trois interpellateurs communistes ne pouvait présenter de carte de membre de son Parti, il ne fut pas autorisé, conformément à l'ordonnance de la Préfecture de Police, à prendre la parole. La plupart des participants ayant déjà quitté la salle, de nombreux communistes présents après la fin de la réunion attaquèrent alors le reste des assistants, dont le Dr Goebbels et le député Haake, à coups de chopes de bière et de pieds de chaise. Au cours de la bagarre qui se déroula, les communistes furent chassés de la salle avec perte et fracas, et s'enfuirent par les toits et les caves. Par la suite, des nationaux-socialistes rentrant chez eux furent agressés isolément. Du fait de l'interdiction et des brimades en découlant, la Préfecture de Police en porte la responsabilité.* »

Du même numéro :

« *Un odieux attentat. Comme le chauffeur du Dr Goebbels, Albert Tonak, rentrait chez lui vendredi après la réunion, des tueurs rouges le guettaient devant sa maison. Il a été grièvement blessé de deux coups de couteau au bras et d'un autre au ventre.* »

Du **Rote Fahne**, fin septembre 1927 :

« *Le superbandit fait sa réapparition.* »

Réponse de « Der Angriff » :

« *D'abord le Dr Goebbels, le superbandit, n'a pas besoin de réapparaître, car il n'avait pas le moins du monde disparu. Mais il a osé, malgré l'interdiction de parole qui pèse sur lui, ouvrir plusieurs fois la bouche à la réunion tumultueuse de Schöneberg pour appeler au calme et mettre fin au désordre naissant. Sans son intervention apaisante, l'orage aurait éclaté beaucoup plus tôt vu l'attitude provocante de la troupe de choc bolchevique, et la réunion n'aurait pu être tenue jusqu'à sa fin...*

« Ce ne fut pas précisément un haut fait de la horde communiste que de rester en bloc dans la salle et d'attendre jusqu'à ce qu'il ne restât plus qu'un petit groupe d'électeurs nationaux-socialistes avec le Dr Goebbels et le député Haake, pour agresser alors ce noyau. Rien de moins qu'un haut fait, car ces lâches savent bien que nous ne pouvons pas, du fait de l'interdiction, organiser notre service d'ordre comme à l'ordinaire.

« Malgré tout, cette agression perfide à coups de chopes de bière, de pieds de chaise et de tasses de café, a mal tourné pour eux, car les nationaux-socialistes, leurs chefs à leur tête, se défendirent, et en un clin d'œil toute la racaille fut éjectée de la salle. Mais le meneur, espèce de criminel débraillé qui, alors que la réunion durait encore, avait cherché à provoquer un scandale par ses interpellations perturbatrices répétées, s'était caché dès le début de la lutte dans les... toilettes pour dames.

« La Préfecture de Police porte indubitablement la véritable responsabilité de tout l'incident, par suite de l'interdiction aussi inconstitutionnelle qu'immotivée prononcée par elle contre l'organisation berlinoise. Quand la presse juive, du Berliner Tageblatt au Rote Fahne, se fâche de ce que nous n'ayons admis que des contradicteurs pouvant présenter la carte de membre d'un Parti adverse, et que les désordres dans la réunion résultent de cette exigence, que ces Messieurs veuillent bien, comme le Président de la réunion l'a déjà remarqué, s'adresser au service responsable, la Préfecture de Police, qui a introduit cette procédure sous peine de 1000 Reichsmark d'amende en cas d'infraction. »

Caricature dans le même numéro de **Der Angriff** :

Deux infirmiers transportent un blessé grave à l'intérieur d'un commissariat. Trois policiers à l'aspect rude et brutal, les bras croisés, regardent avec un intérêt cynique. Le blessé grave gît inanimé sur son brancard. Au mur, l'adjoint au Préfet de Police sourit dans un cadre. Texte : « L'individu est-il passé sous une voiture ? Non, sous la police berlinoise ! »

Je devais recevoir la lettre suivante :

« *Reg. N° 2083 1A 1-27*

Berlin, le 29-9-1927

À Monsieur le Docteur en Philosophie

Joseph Goebbels, Écrivain.

Berlin O.

Votre intervention dans les dernières réunions publiques électorales du N.S.D.A.P. à Berlin permet de constater que, en dépit de mon arrêté de dissolution en date du 5 mai 1927, vous avez une activité d'orateur public en faveur de ce groupement dissous.

D'après une communication qui m'est parvenue, Monsieur Heinz Haake, membre du Landtag, organise, en tant qu'invitant et responsable, une grande réunion publique électorale le 30 septembre 1927, à huit heures du soir, à la salle des fêtes de Schwarz, à Berlin-Lichtenberg. J'ai fait savoir à Monsieur Haake, que je ne considérais cette réunion comme réunion électorale que si seuls des députés du N.S.D.A.P. interviennent comme orateurs pour exposer les conceptions des adhérents au parti représentés par eux, en vue des prochaines élections, et que seuls soient admis à prendre la parole pour contredire des assistants n'appartenant indubitablement pas au N.S.D.A.P. J'attire expressément votre attention sur le fait que vous ne faites pas partie des personnes autorisées à parler à la grande réunion électorale publique du 30-9-1927. Il vous est interdit de prendre la parole avant et après le début de la réunion, ou d'interpeller de votre place. En cas d'infraction, vous êtes passible, en vertu de l'arrêté de dissolution du 5 mai 1927 et vu les dispositions du § 10 217 du droit commun local de 1796 et conformément au § 132 de la loi d'administration provinciale du 30-7-1883, d'une amende de 1000 Reichsmark, ou en cas de non-versement, de six semaines de prison.

Par délégation : signé Wündisch

Certifié : Latermann, Secrétaire de Chancellerie.

En réponse à une interpellation du député national-socialiste au Landtag Haake au sujet de l'interdiction de parole frappant le Dr Goebbels à Berlin, le Ministère prussien de l'Intérieur communiqua :

« *Il n'est pas interdit au Dr Goebbels de prendre la parole à Berlin. Mais il continuera à être vérifié que le Dr Goebbels n'abuse pas des réunions électorales du N.S.D.A.P. pour tourner l'interdiction du groupe berlinois de ce parti.* »

Quelques semaines auparavant, un de nos amis avait adressé la lettre suivante à un grand journal bourgeois :

Berlin, le 25 août 1927.

Au Berlin, Zimmerstrasse 35-41.

Depuis longtemps, je suis lecteur du Berliner lokal Anzeiger, et c'est pourquoi je vous prie de me renseigner sur quelques points. Je suis votre lecteur parce que j'éprouve le besoin de lire un grand quotidien national qui soutienne inconditionnellement le pavillon noir-blanc-rouge. Je suis d'autant plus surpris que depuis quelque temps, vous publiez des articles inexacts sur le N.S.D.A.P. Je le comprends d'autant moins que le N.S.D.A.P. est aussi un mouvement noir-blanc-rouge, dont le but principal est la lutte inconditionnelle contre le marxisme, auquel vous vous opposez également avec vigueur dans votre journal.

Au Congrès national du N.S.D.A.P. à Nuremberg, nous avons pu voir que ce sont précisément les lecteurs de votre journal qui nous ont acclamés et couverts de fleurs. Pourquoi ne faites-vous même pas allusion à l'ampleur de cette manifestation de l'Allemagne nationale contre le marxisme. Vous parlez de 12000 participants. Si vous y aviez été, vous sauriez qu'il y en avait au moins cinq fois plus. Je vous conseille de prendre connaissance du compte rendu officiel des chemins de fer. Vous modifierez alors votre opinion. »

Voici qu'elle fut la réponse du journal :

Le 9-9-1927.

Monsieur,

D'après la réponse très détaillée que nous avons reçue entretemps de notre correspondant de Nuremberg, nous nous voyons dans l'obligation de vous communiquer qu'il n'y a pas lieu à mise au point, sauf sur quelques détails secondaires.

Veuillez agréer...

Berliner-Lokal Anzeiger *Rédaction. Dr Breslauer.*

Le Dr Breslauer, rédacteur en chef du Berliner-Lokal Anzeiger *est un juif dit national-allemand.*

Les documents qui précèdent ne sont que quelques séquences du film qui pourrait s'intituler « *Combat pour Berlin* ». Il ne s'agit pas ici d'événements extraordinaires mais de bagatelles de petits riens qui, observés isolément et hors d'un ensemble ne signifient pas grand-chose. Pourtant, si on les replace dans l'époque et le système où ils furent possibles, ils rapportent une image frappante et sans équivoque de ce que le Mouvement national-socialiste dut tolérer et supporter à Berlin sous l'interdiction.

On avait tellement raffiné les brimades contre nous qu'en définitive, elles perdirent tout leur effet et ne produisaient même plus ni haine ni indignation, mais seulement le dédain et les rires. Elles furent menées jusqu'à l'absurde, et avec tant d'extravagance, que finalement, chaque coup qui devait nous atteindre, ne faisait plus que porter dans le vide.

En dernier ressort, à quoi sert d'interdire de discourir à

quelqu'un, quand une quantité croissante de sympathisants voit se renforcer son soupçon que c'est parce qu'il dit la vérité que cet homme n'a pas le droit de parler dans la capitale du Reich ?

À quoi cela sert-il, quand on peut trouver plus de cent possibilités de tourner cette interdiction ? Par exemple, on fonde une « *École de Politique* » qui n'a rien à voir avec le Parti. L'orateur à qui on a interdit de prendre la parole s'y introduit comme professeur, et bientôt la voici envahie par une foule telle qu'aucune réunion politique publique à Berlin n'en voit.

De cette manière, le législateur sombre peu à peu dans le ridicule. Le peuple perd tout respect à son égard. Pour une persécution sanguinaire et sans scrupule, il manque de grandeur et de brutalité. Mais le persécuté ne réagit à la politique des coups d'épingle qu'avec un mépris souriant : et il y a toujours un antidote à chaque poison.

Ce n'est que si un régime d'oppression répand autour de lui épouvante, crainte et peur panique, qu'il peut finir par arrêter un mouvement pour quelque temps. Mais s'il n'utilise que des brimades médiocres, il aboutira toujours au contraire du but recherché.

L'interdiction ne nous étouffait plus autant, maintenant que nous nous y étions fait. Le Parti y répondait avec un dédain indifférent. Nous défendait-on de rassembler les militants à Berlin, nous nous réunissions alors à Potsdam. Certes, il y avait quelques douzaines de personnes en moins mais ceux qui venaient étaient des fidèles et exprimaient par leur seule venue qu'ils demeuraient dévoués à la grande cause et persistaient dans les dangers. À Potsdam, ils portaient alors fièrement et témérairement leur vieil uniforme ouvertement, paradaient en chemise brune et en képi hitlérien, le ceinturon boudé et l'insigne du Parti agrafé sur la poitrine.

Aux limites de Berlin, il leur fallait à nouveau enfiler leurs vêtements civils, et c'était toujours une fantastique explosion de sarcasmes quand ils se glissaient dans la capitale du Reich comme sur un territoire ennemi. À chaque fois, c'était le législateur qui en faisait les frais ; il pouvait certes causer des difficultés au Mouvement et à ses partisans, mais devait procéder si tortueusement et si modestement que les victimes en ressentaient plus de plaisir que de douleur.

Le Parti Communiste crut alors le moment venu d'étouffer dans le sang les derniers restes du Mouvement national-socialiste. Il assaillit nos militants et nos orateurs dans les salles de réunion du nord et de l'est de Berlin, et tenta par la force de les réduire au silence. Mais pour tous les S.A. et les membres du Parti, ce n'était qu'une raison de plus de venir au grand complet à la prochaine réunion pour rendre impossible, une fois pour toutes, ces provocations éhontées. La Préfecture de Police interdisait au chef du Mouvement hors-la-loi d'intervenir ne fût-ce que par des interpellations au cours d :une réunion. Cela trahissait une peur si mesquine et si puérile que les militants n'en ressentaient que plus de mépris.

Puisqu'on nous interdisait de parler et de faire de l'agitation à Berlin, nous allions dans la campagne environnante. Autour de la capitale, dans les banlieues et les villages de la Marche, nous réunissions nos militants, nous établissions partout de solides points d'appui, et nous entourions la capitale du Reich d'une ceinture de bastions nationaux-socialistes. Plus tard, nous pûmes répondre à partir d'eux la marche sur la capitale, lorsque le Mouvement fut à nouveau autorisé. Nous conquîmes ainsi de fermes positions à Teltow et à Falkensee et pied à pied, nous reprenions du terrain au K.P.D. au cours de heurts parfois sanglants. Nous nous incrustions dans la Marche et y intensifions la propagande à un tel point que ses effets se répercutaient jusqu'à Berlin.

Même à Berlin, nous avions ici et là encore la possibilité d'agir par la propagande et le discours. Telle une traînée de poudre, un bruit se répandait quelquefois parmi les militants :

« *Ce soir, tous à la réunion de tel ou tel parti. Nous portons la contradiction.* »

L'un d'entre nous demandait à prendre la parole, et, du fait que nous constituions la majorité des assistants, nous arrachions un temps de parole de deux ou trois heures, pendant lesquelles nous avions l'occasion de dire ce que nous voulions.

Peu à peu, l'interdiction perdait ainsi son efficacité. Entre temps *Der Angriff* s'était transformé. Toute la force de frappe révolutionnaire du Parti avait été stimulée par l'élan de masse de Nuremberg La crise des mois d'été fut progressivement surmontée, les espoirs de nos adversaires ne se réalisèrent pas. À leurs mines, nous opposions des contre-mines, et la campagne d'encerclement organisée contre nous se trouvait finalement condamnée à l'échec.

Seules les plaies d'argent continuaient à nous accabler. *Der Angriff* passait d'une crise financière à l'autre. Nous devions gérer notre journal avec parcimonie, et les jours fastes seulement, nous pouvions acquitter par petits acomptes une partie des factures de l'imprimeur. Mais d'un autre côté, un succès de propagande croissant nous apportait une compensation. De plus en plus, l'opinion prenait notion de notre existence. On ne pouvait plus nous dédaigner et nous ignorer. Le Mouvement avait rompu le boycott silencieux par lequel on voulait l'étouffer et se répandait irrésistiblement. Nous étions de nouveau un objet de discussion. L'opinion publique, dans la mesure où elle a conservé un dernier reste de correction, se vit contrainte de prendre parti à notre égard, et la protestation contre les mesquines méthodes de répression que la Préfecture de Police employait contre nous, devint de plus en plus bruyante. L'ampleur des moyens n'avait plus aucun rapport avec le but recherché par l'Alexanderplatz. On tirait les moineaux au canon.

Le peuple a un sentiment inné de la justice. Si nous nous étions effondrés sous l'interdiction, personne n'aurait pipé mot. Mais comme nous l'avions surmonté avec nos propres forces et en engageant nos dernières réserves, les sympathies de la grande masse nous étaient à nouveau acquises. Le communiste lui-même tout au fond de son cœur, avait un atome de compréhension et de respect pour nous. Il lui fallait bien reconnaître que le Mouvement était plus fort que sa presse ne voulait bien le dire. À peine le Parti s'était-il redressé devant l'opinion publique qu'il jouissait à nouveau du respect et de ce préjugé favorable que l'homme du peuple est toujours enclin à accorder à celui qui sait s'imposer par ses propres moyens malgré la persécution et les difficultés.

La conspiration du silence et les restrictions administratives avaient échoué. Une campagne de presse effrénée et indigne nous avait fait connaître. Les représentants du Parti avaient un nom maintenant connu et le Parti lui-même tenait sa place sur la scène politique. Nous avions tiré nos adversaires de l'anonymat ; mais ceux-ci, involontairement, nous avaient rendu la pareille.

Les fronts étaient délimités, le combat se poursuivait sous d'autres formes. Personne ne pouvait plus nous affirmer que le national-socialisme avait disparu de la vie politique dans la capitale du Reich. Même interdit, il avait prolongé son existence, la crise avait été surmontée victorieusement et le Parti s'élançait maintenant pour porter des coups décisifs !

Chapitre XII

Interdit ... Pas mort

La grave crise d'organisation dans laquelle le Mouvement national-socialiste de Berlin avait été jeté par l'interdiction policière promulguée contre lui le 5 mai 1927, était maintenant résorbée sur le plan intellectuel. Les chocs qui avaient ébranlé les structures du Parti étaient amortis, le contact rompu un instant entre la direction et la base rétabli grâce à un hebdomadaire vivant et agressif, et les possibilités de propagande qui nous avaient complètement manqué durant les premiers mois d'été, recréées. Certes, nous avions encore quantité de soucis, surtout dans le domaine financier. Mais ici et là, une lueur apparaissait au travers des sombres nuées qui nous dominaient. Et, en définitive, nous ne réclamions rien de plus qu'un petit espoir de temps en temps, auquel nous puissions nous raccrocher.

Le destin nous avait traité avec malveillance, et nous avions eu bien souvent des motifs de désespérer et d'abandonner silencieusement notre lutte. La nouvelle ligne du Parti avait été brisée dans la capitale du Reich, au beau milieu des débuts des plus prometteurs, et il paraissait tout à fait impossible de continuer à l'appliquer, même sous une forme dissimulée ou camouflée.

Il y eut alors la salvatrice intervention de *Der Angriff*. Le Parti fut reconsolidé par lui. Dans ses colonnes, nous avions la possibilité de propager comme par le passé les conceptions nationales-socialistes dans la capitale du Reich.

Nous créâmes de toutes pièces la nouvelle entreprise. Une fois de plus, il s'avéra que, là où le courage et la confiance en soi et aussi une bonne dose de témérité sont de la partie, même les entreprises les plus désespérées peuvent être réalisées. Il faut seulement que leurs protagonistes croient en leur propre cause et ne se laissent pas écarter par les premiers contrecoups de la ligne qu'ils ont reconnue pour juste.

Un grand contemporain a dit un jour de lui-même :

« Il y a trois choses qui m'ont mené à la réussite : un peu d'intelligence, beaucoup de courage et un souverain mépris de l'argent. »

Nous avons agi de la sorte. On ne pouvait dénier à la direction du Mouvement national-socialiste de Berlin un peu d'intelligence. La S.A. avait fait preuve de beaucoup de courage dans les durs combats qui furent livrés durant des mois, soir après soir, pour les quartiers prolétariens. Et un souverain mépris de l'argent paraissait d'autant plus judicieux, que l'argent manquait partout et que nous ne pouvions nous accommoder de sa rareté que par ce souverain mépris précisément.

Dès les premiers mois de sa fondation, *Der Angriff* se heurta à une grave crise de personnel. Des collaborateurs, qui au début avaient participé avec un bel enthousiasme à notre projet journalistique, abandonnèrent dédaigneusement notre cause, lorsqu'elle parut devenir dangereuse et désespérée, précipitant ainsi l'affaire dans des difficultés presque insurmontables. Nous fûmes un moment tout à fait dépourvus de collaborateurs qualifiés et il nous fallut en venir à ce que chaque responsable politique s'engageât à rédiger lui-même un élément du journal. La plus grande partie de notre temps était ainsi occupée par des travaux journalistiques. Nous publiâmes sous les pseudonymes les plus divers nos articles-choc. En dépit de cela, le journal, malgré des collaborateurs demeurant éternellement égaux à eux-mêmes, avait un aspect varié même sous cette présentation, et les lecteurs ne soupçonnaient pas avec quelles difficultés chaque page était rédigée.

Mais nous éprouvions aussi la joie de voir que *Der Angriff* jouissait d'un intérêt croissant dans les milieux de journalistes de la capitale du Reich. Il avait fait une autre carrière que les grandes entreprises de presse capitalistes. Nous n'avions pas eu de commanditaire pour mettre à notre disposition les sommes nécessaires à la fondation d'un organe de presse. Il est alors facile d'engager rédacteur et personnel d'édition et les risques d'échec sont limités. Mais la fatalité de la chose réside dans le fait que tout journal qui est financé par de gros commanditaires, se voit également contraint de représenter sans broncher l'opinion politique de ses manipulateurs. Ce n'est pas de cette manière qu'une nouvelle voix peut s'élever dans le chœur de l'opinion publique. Un financier important s'est seulement acheté un journal à lui, pour pouvoir influencer l'opinion publique selon ses vues.

Chez nous, c'était le cas contraire. Ce que nous disions, nous le pensions, et comme nous ne dépendions d'aucun commanditaire, nous pouvions parler crûment. Dès cette époque, nous étions dans tout Berlin la seule feuille écrite par conviction et dont l'attitude politique n'était influencée par aucun fond secret. Le lecteur lui-même pouvait le constater chaque semaine. Même si les organes juifs paraissaient à des millions d'exemplaires et avaient la clientèle du grand public, ils ne possédaient la plupart du temps, aucune relation intime avec leurs abonnés. Un tel journal n'est pas aimé. Le lecteur ne le considère que comme un mal nécessaire. Il l'utilise pour son orientation quotidienne. Mais au plus profond de son cœur, il est convaincu, même s'il ne se s'en rend pas compte de façon précise, qu'en définitive on ne fait que le tromper et lui donner le change.

La croyance aveugle dans ce qui est imprimé, qui a eu en Allemagne des répercussions si nombreuses et si fatales pour la vie politique, a peu à peu décru. Aujourd'hui, le public qui lit réclame plus que jamais de la part de son journal de la conviction et de la sincérité dans ses opinions.

Depuis 1918, les masses sont devenues de plus en plus perspicaces et clairvoyantes. Avec la révolte financière, qui a achevé la guerre, les plumitifs internationaux ont réussi leur dernier grand coup au service de la haute finance. Depuis, celle-ci n'a fait que décliner, d'abord insensiblement, puis à une vitesse accélérée. La manière de voir démocratico-libérale est aujourd'hui depuis longtemps dépassée sur le plan intellectuel. Elle ne subsiste guère plus que grâce à des ruses protocolaires et parlementaires. Pour les masses, cela signifie d'abord une immense désillusion. Nous avons prévu cette désillusion et avons très tôt édifié une digue pour la canaliser. Avec des moyens modernes et un style absolument nouveau, nous avons cherché à influencer l'opinion publique. Nos débuts furent élémentaires et entachés d'amateurisme, mais qu'on nous montre un artiste qui s'est formé en un jour. Il nous a aussi fallu faire notre apprentissage, mais nous en avons profité ; et si l'on ne peut plus contenir aujourd'hui la presse nationale-socialiste que par des interdictions administratives, c'est bien la preuve formelle que notre journalisme est à la hauteur des exigences de l'époque, et qu'on ne peut plus opposer d'arguments idéologiques aux idées que nous exposons, mais seulement la force brutale.

Certes, nous n'avions alors qu'un nombre très restreint de représentants dans les parlements du Reichstag et du Landtag. Cependant, le mouvement interdit possédait en eux une possibilité de repli. Les bureaux du Gau avaient été transformés en Comité des Députés. Là où les permanents du Parti avaient auparavant travaillé, ne résidaient plus que d'intouchables représentants du peuple. Il ne fut pas facile d'adapter toutes nos habitudes à ce nouveau système. Mais nous nous y fîmes progressivement. Peu à peu, toute l'organisation du Parti fut alignée sur cet état de fait à proprement parler illégal. Pour notre bureau, nous mîmes au point une nouvelle technique, presque incontrôlable. Les dossiers les plus importants furent disséminés dans toute la ville, chez des militants sûrs. Nous ne tînmes de fichier que pour la Vieille Garde du Parti. Celle-ci était prête à intervenir résolument en cas d'urgence. Elle était blindée contre tous les doutes issus de la versatilité. On pouvait bâtir sur un tel terrain.

Nous comprîmes très vite que l'interdiction ne serait pas levée de sitôt. C'est pourquoi nous entreprîmes de réorganiser tout le Parti sur la base de la clandestinité. Les anciennes sections devinrent des associations anodines, ce qui ne les empêcha pas d'être souvent dissoutes par les autorités. Mais un club de joueurs de quilles dissous se transformait quelques jours plus tard en association de bridgeurs, et la section de natation en groupement de petits épargnants ou en équipe de football. On y retrouvait toujours le national-socialisme. Malgré l'interdiction les points d'appui du Parti étaient parfaitement intacts. Vis-à-vis de nous, la Préfecture de Police se sentait dans son tort, et se gardait donc bien de nous frapper de peines sévères, qui n'auraient pas eu de justification légale. Peu à peu, une vie nouvelle fleurissait sur les décombres de l'organisation abattue.

Pas un seul instant, la S.A. n'avait été ébranlée. Certes, ses effectifs étaient réduits, mais bien disciplinés et supérieurement encadrés. Les quelques éléments non encore endurcis, qui étaient chez nous au cours des premiers mois de la lutte, furent progressivement éjectés. Dans son ensemble, le noyau de la formation se maintint intact. À l'époque, on connaissait encore personnellement presque tous les militants et les S.A. Les visages résolus qu'on apercevait semaine après semaine et parfois soir après soir dans les grandes réunions de propagande du Parti, se gravaient ineffaçablement dans la mémoire. Le Parti tout entier était une sorte de grande famille, et le sentiment était très fort d'appartenir à une même communauté. Ce fut la grande époque de la Garde du Parti et on peut dire que c'est grâce à elle que le national-socialisme n'a pas disparu à Berlin.

Nous prîmes aussi nos dispositions pour que la nervosité propagée artificiellement dans le Parti par des éléments extérieurs ne puisse plus menacer la vie interne de l'organisation. Les tentatives de provocation étaient le plus souvent découvertes à temps et étouffées dans l'œuf impitoyablement, car il fallait préserver intact le noyau du Parti. C'est pourquoi il fut facile ultérieurement, après la levée de l'interdiction, de réédifier toute l'organisation.

Notre principal souci devait être de fournir des tâches au Parti pour l'occuper et empêcher ainsi qu'à l'intérieur des groupes le manque d'activité quotidienne n'aboutisse à menacer le calme déroulement de nos travaux par des querelles et des crises suscitées artificiellement.

La ceinture que nous avions nouée autour de Berlin avec des points d'appui bien organisés, se transforma à vue d'œil en une solide chaîne. Nous avions raccordé les proches alentours de la capitale du Reich en un grand front d'attaque, et gardions ainsi la possibilité de nous retirer à tout moment en province, si le sol de Berlin devenait trop brûlant pour nous.

S'il entreprend de poser les bases culturelles, spirituelles et, en dernier ressort aussi, matérielles, de l'existence d'un peuple en le faisant avec une volonté hardie, tout grand système cohérent aura à passer par quatre stades de son évolution. Il dépendra de la manière dont il réussira à faire plier les forces qui s'opposeront à lui dans ces quatre étapes pour constater s'il y est vraiment apte. De très nombreux idéaux se dressent face à l'opinion en prétendant signifier quelque chose pour le peuple et pouvoir le lui communiquer. Beaucoup sont venus et beaucoup sont passés. Mais la postérité ne les a pas retenus. Seuls de très rares sont appelés à donner de nouveaux idéaux politiques aux peuples, et le destin est alors assez généreux pour les contraindre très tôt à prouver devant tous qu'ils ne sont pas seulement appelés mais aussi élus.

Tout grand Mouvement commence dans l'anonymat. Une idée est à son origine, et elle jaillit de la tête d'un seul. Ce n'est pas que celui-ci soit le seul inventeur, plus ou moins génial, de cette idée. Mais il est seul choisi par le destin pour dire ce que le peuple ressent confusément et dont il se doute ardemment. Il fournit l'expression d'une poussée indéfinissable qui parcourt la grande masse. Nous l'avons nous-mêmes éprouvé au fur et à mesure que grandissait notre nouvel idéal.

Ce qui arrive le plus souvent, c'est que l'homme du peuple dit :

« *C'est ce que j'ai toujours cru, pensé et estimé. C'est ce que je cherche, ce que je ressens et ce dont je me doute.* »

Un seul est élu, et il confère à l'ardeur et au pressentiment de la grand masse son expression. Alors une organisation commence à se dégager de l'idée. Car l'homme unique qui donne à l'idée le mot rédempteur, aura inévitablement l'ambition de gagner d'autres que lui à cette idée, de prendre des dispositions pour ne pas rester seul, de rassembler derrière lui un groupe, un parti, une organisation. Groupe, parti, organisation, deviennent ainsi les serviteurs de l'idée.

Tout naturellement, les contemporains ne pourront d'abord pas le comprendre ; car avec son idée, il est en avance sur l'époque de quelques années ou de quelques dizaines d'années. Ce qu'il proclame paradoxalement aujourd'hui, sera devenu banalité dans vingt ans ou plus. Il indique le chemin à un peuple, il est celui qui veut faire sortir les autres des bas-fonds pour les mener sur les hauteurs. On s'explique que le présent ne veuille pas et finalement ne puisse pas le comprendre. Le premier groupe de partisans de la nouvelle idée piétine d'abord dans l'anonymat. Et c'est bien ainsi ; car la petite pousse de chêne qui perce timidement pour la première fois hors de la terre spongieuse, pourrait être brisée et foulée par un seul pas irréfléchi. Elle n'a pas encore la force de résister. Cette force ne réside encore que dans ses racines ; c'est-à-dire dans les possibilités que détient la petite plante, et non pas dans celles qu'elle présente pour l'instant. Bien entendu, c'est plus petit, plus modeste, moins remarquable que le taillis de mauvaises herbes. Mais cela ne constitue pas une preuve qu'il en sera encore ainsi dans dix heures. Dans dix ans, alors que ce taillis se sera depuis longtemps transformé en humus, un chêne magnifique étendra tout autour de lui l'ombre de son lourd branchage.

On ne remarque pas d'abord la petite pousse de chêne. Ainsi le destin, dans sa sagesse, lui donne la possibilité de devenir ce qu'il doit être. La nature veille toujours à ce que les formes de vie, les êtres humains et les organisateurs ne soient soumis qu'aux épreuves qu'ils puissent surmonter.

Pour les premiers protagonistes d'une nouvelle idée c'est évidemment un état de choses presque insupportable que le dédain des contemporains. Celui qui porte en lui une conviction combative aime affronter l'ennemi et il lui plaît de s'empoigner et de se battre avec lui. Mais si l'autre ne le voit même pas, ne le remarque pas, ce dédain insultant est la chose la plus insupportable qui puisse arriver à un caractère noble.

Les combattants de la première heure qui interviennent en faveur d'un nouvel idéal sont bien entendu dans les phases préliminaires du mouvement exactement les mêmes qu'ils seront plus tard quand ils auront conquis le pouvoir. Car ils ne changent pas, mais ils transforment les autres. Ce n'est pas Adolf Hitler qui a changé, mais l'Allemagne dans laquelle il vit qui a évolué.

Le destin examine maintenant dans cette première phase du développement si cet homme qui entre en scène avec l'ambition téméraire de faire de l'histoire est aussi assez fort pour supporter en silence durant un certain temps l'anonymat. Le supporte-t-il, sans en être éprouvé spirituellement, le destin le considérera alors mûr pour la seconde épreuve. Car après un certain temps, le Mouvement acquerra la force intérieure pour faire fondre le bloc de glace du boycott spirituel l'enserrant. Il trouve alors le moyen et les voies pour se faire connaître à l'opinion ; si ce n'est en bien, alors en haine. S'ils ne m'aiment pas, qu'ils me craignent alors, mais au moins ils me connaîtront. Et bientôt arrive le moment où l'opinion est forcée de tenir compte de l'idée et de l'organisation. On ne peut plus simplement se taire. Quand la rue en parle, quand les moineaux le sifflent sur les toits, les lâches gazettes ne peuvent plus demeurer dans leur réserve distinguée. Elles doivent alors prendre position, pour ou contre.

Elles le font d'abord à leur façon : car elles sont convaincues que les pratiques coutumières sur leur terrain politique, peuvent être employées aussi sans scrupule et sans modification vis-à-vis du nouveau Mouvement. Elles commettent là évidemment une erreur fondamentale, du fait que le nouveau Mouvement est fondé sur un tout autre principe politique, du fait qu'il est animé de tout autres mobiles intellectuels, comporte un tout autre style et représente un tout nouveau type. On ne saurait venir à bout de lui avec les procédés qui sont en usage et à la mode chez ses adversaires coalisés. L'ennemi doit se rendre compte, à sa grande épouvante, que tout ce qu'il croyait susceptible de pouvoir nuire et mettre fin au Mouvement ne fait que le renforcer et le consolider. Oui, il arrive précisément que la force qu'on oppose au Mouvement rejaillit dans celui-ci. On crut d'abord pouvoir le couvrir de sarcasmes. On le mit au même niveau que ces tentatives enfantines et naïves dans les domaines religieux et culturels.

Nous les vieux nationaux-socialistes, nous nous souvenons encore exactement de l'époque où nous étions mis sur le même pied que l'Armée du Salut ; où l'opinion générale disait de nous :

« *Ils sont honnêtes, on ne peut rien leur reprocher d'après le Code Pénal. Ce sont des détraqués inoffensifs, qu'on ferait mieux de laisser mariner dans leurs propres manies.* »

C'est la seconde phase d'évolution : on n'insulte plus, on rit. Et il est bon que l'on se moque. Si l'ennemi combattait maintenant, il aurait peut-être la possibilité d'étouffer le Mouvement. Mais pendant qu'il rit et demeure inactif, celui-ci grandit et grandit, acquiert force, ampleur et passion. Oui, les champions d'une idée ne se sentent forts que par le rire de l'adversaire. Il leur vient de l'ambition.

Chacun n'est plus animé que par cet ardent désir :

« *Nous vous ferons passer ce rire !* »

L'arrogance dédaigneuse de l'adversaire ne fait qu'aiguillonner l'ardeur des partisans du nouveau Mouvement. Ils n'abandonneront pas l'idée, parce qu'on rit d'eux, mais ils feront en sorte que l'adversaire n'ait plus envie de rire.

C'est la seconde étape. Et quand le rire cesse, on commence enfin à combattre le Mouvement, d'abord par le mensonge et la calomnie. Il ne reste d'ailleurs plus rien d'autre à l'adversaire ; car il ne peut pas opposer d'arguments meilleurs à une nouvelle conception des choses.

Par exemple, quelles idées pourraient être confrontées par un parti bourgeois à celles du Mouvement national-socialiste ?

Comment la social-démocratie pourrait-elle nous tenir tête sur le plan idéologique ?

Ils le savent d'ailleurs bien. Dès que nous nous mesurons à la tribune dans un débat politique objectif, nous sommes alors la jeunesse et eux les vieillards. C'est pourquoi ils cherchent le plus possible à éviter la lutte, ou alors la mènent par la calomnie et la terreur. Et il se déverse ainsi sur le Mouvement et ses chefs une mer de saletés et de bave. Rien n'est assez vulgaire, on le répète sans trêve. Chaque jour, l'adversaire invente un nouveau ragot horrible. Il se vautre dans ses mensonges. Bien entendu, cela commencera par impressionner une masse imbécile et dénuée de jugement. Mais dans la seule mesure où les adversaires pourront empêcher la masse d'entrer en contact immédiat et personnel avec le Mouvement et ses chefs. Quand ce n'est plus possible, l'ennemi est alors perdu ; à l'instant où les masses trompées et bernées ont l'occasion de faire la connaissance du Mouvement et de ses chefs, elles s'aperçoivent de la différence entre ce qu'elles ont entendu jusqu'ici et ce que le Mouvement signifie en fait. La masse se sent alors insultée. Car le peuple ne déteste rien tant que de se voir berner. On vient d'abord avec des réserves et des restrictions morales à nos réunions, puis il faut bien se persuade que la contradiction entre les mensonges et la réalité est si manifeste que le mensonge retombe avec fracas sur le menteur.

C'est ainsi que dans une troisième phase, la calomnie devient très vite répression. On soumet le Mouvement à la terreur des administrations et de la rue. Ce qu'on n'a pu réaliser par la calomnie, on le tente par la violence. Mais le drame du système est qu'il emploie ses tactiques toujours trop tard. L'aurait-il entrepris plus tôt, qu'il aurait peut-être abouti au succès. Mais les hommes qui, dans l'anonymat et sous les calomnies, se sont rassemblés derrière les drapeaux du Mouvement, ne sont pas des poltrons ; sans quoi ils n'auraient pu supporter ce qu'il leur avait fallu éprouver jusque-là.

Seuls de vrais hommes ont la force intérieure de s'élancer contre un monde hostile et lui jeter à la face :

« *Ris donc... seuls des hommes peuvent l'endurer. Calomnies donc... seul un lâche en sera ébranlé.* »

Ils se dresseront dans la foule, ils se laisseront couvrir de crachats dédaigner moquer et considérer comme des imbéciles.

Mais entre-temps un corps de combattants disciplinés s'est rangé sous les bannières du Parti. Ils savent non seulement utiliser leur intelligence mais aussi — quand on menace leur vie ou celle du Mouvement — leurs poings. Qu'on les soumette à une terreur sanguinaire, qu'on les fasse traquer par les services policiers et les tribunaux, qu'on leur envoie des colonnes de meurtriers rouges : s'imagine-t-on que des hommes qui ont bravé le mépris et la calomnie, fait face au mensonge et au ridicule aillent faiblir maintenant sous la violence ?

Tout au contraire : pour la défense d'une idée nouvelle, l'emploi de cette méthode par l'adversaire est le signe certain qu'il se trouve sur la bonne voie. Si on n'utilisait pas ces procédés contre lui, alors pourrait-il peut-être courir le danger de se soupçonner lui-même d'être dans l'erreur. Mais la terreur lui fournit la preuve que l'adversaire l'a reconnu, qu'il le hait, et cela du seul fait qu'il l'a reconnu et qu'il le craint. Le sang ne fait que cimenter encore plus étroitement l'unité d'un Mouvement. Le chef et le militant font bloc ; ils constituent un corps indivisible, une phalange révolutionnaire, contre laquelle plus rien ne peut plus être entrepris sérieusement.

Il en fut de même au cours de toutes les insurrections révolutionnaires du passé, et il en est ainsi du Mouvement révolutionnaire que nous servons. Il est là. On ne peut plus le passer sous silence. Il a sa force et son idée propres, il a ses partisans unis et disciplinés. Il poursuivra invariablement sa route, parce qu'il a pris conscience de l'objectif à atteindre, et ne le perd jamais des yeux, quels que puissent être les détours qu'il veuille ou doive emprunter pour y parvenir.

Entre-temps, les convictions du peuple aussi ont changé. Le Mouvement, dans ses années de lutte acharnée, n'a pas été sans laisser son empreinte sur l'âme populaire. Il a continué d'agir, il a mobilisé les masses, et les a remuées, mis le peuple en branle. Le peuple allemand d'aujourd'hui ne peut plus être comparé à celui de 1918. L'autorité du système se trouvant au pouvoir a décru. Et dans la mesure même où elle baissait, la force de l'opposition augmentait. Qu'est-ce que cela veut dire de nous traduire, nous nationaux-socialistes, devant les tribunaux ? Cela aurait un sens si le peuple contemplait encore ces tribunaux avec la même confiance enfantine qu'avait le meunier de Sans-Souci pour les juges de Berlin. Même si l'homme du peuple pouvait encore se dire que les tribunaux sont le refuge de la justice, et qu'on fasse condamner à de lourdes peines par ces tribunaux les hommes de l'opposition, ces sanctions auraient, pour la conscience populaire, quelque chose d'insultant et de diffamatoire en elles.

Mais qu'un tribunal acquitte pour ainsi dire un maquereau et condamne un national-socialiste à une lourde peine de prison, le peuple ne peut l'admettre. L'homme du peuple finit par se dire :

« Ah, c'est comme ça. Ou bien l'on met les escrocs à l'ombre, ou bien l'on enferme les honnêtes gens. Car de même que l'escroc menace l'homme honnête, celui-ci menace l'escroc. »

L'autorité du système a diminué. Certes, le système ne veut pas le reconnaître, mais il doit s'en accommoder chaque jour un peu plus. L'instant arrive où le centre de gravité se trouvera déplacé du côté de l'opposition ; où le peuple appuiera celle-ci et où le gouvernement se verra isolé du peuple. La lutte sera ainsi tranchée dans les esprits et elle le sera aussi très vite sur le plan des pouvoirs de l'État.

Aucune calomnie n'est plus de secours ; car en calomniant le Mouvement, on calomnie les meilleurs éléments du peuple.

Qu'on injurie ses chefs, et ils se dresseront alors par millions et déclareront :

« Ces hommes sont des nôtres. Et qui les insulte, nous insulte. L'honneur de ces hommes est notre honneur. »

Le peuple réagit quand on met derrière les barreaux un national-socialiste, quand on en arrête un chez lui la nuit, il éprouve la même chose que pressent l'homme du peuple qui n'arrive plus à payer ses impôts.

La lutte finale est déclenchée. On ne peut plus passer sous silence le Mouvement, ni l'abattre par le mensonge, ni non plus le réduire par la violence.

Là où on le frappe, le peuple crie :

« Je suis touché ».

Et là où on calomnie un homme du Mouvement, par millions ils crient :

« C'est nous ».

L'un des militants est-il abattu dans une rue sombre, les masses se dressent alors et déclarent d'un ton menaçant :

« Cent mille hommes portent aujourd'hui le visage du mort et sont juges. »

Il ne subsiste plus alors qu'un seul moyen : la capitulation sans conditions de l'ennemi devant la position de force intellectuelle de l'opposition, parce qu'il ne voit plus d'autre recours que se soumettre à ses principes — à vrai dire non pour réaliser cet idéal, mais au contraire pour le corrompre. Chacun a les idées qui lui conviennent. Quand quelqu'un a servi le pacifisme une vie entière, il ne peut pas être subitement empli d'une conviction belliciste. Quand quelqu'un a lutté vingt années durant pour la démocratie, il ne se transforme pas en réactionnaire en l'espace d'une nuit. Celui qui a tenté pendant des décennies de saper l'État, ne peut en devenir subitement le soutien. Il peut faire semblant. Il peut s'affubler d'un faux masque.

D'un seul coup, le social-démocrate, qui douze années durant, a pris soin que le peuple allemand soit anesthésié, se dresse en gesticulant comme un fou devant les masses et crie :

« *Allemagne, réveille-toi !* »

D'un seul coup, ces vieux groupes de classe et d'intérêt se souviennent du peuple. Ils se baptisent alors parti populaire. C'est notre drame allemand : nous avons trois partis populaires, mais plus de peuple. Tous font précéder leur nom du mot « *peuple* ». Là où leur ancien nom est galvaudé et compromis, ils l'abolissent tout simplement et s'en attribuent un nouveau. Des dizaines d'années, ils ont combattu sous le pavillon de la démocratie — et dès que la démocratie n'a plus de force d'attraction, ils se baptisent subitement parti d'État.

Ils restent les mêmes : ils aimeraient seulement volontiers pouvoir poursuivre leur vieille politique avec de nouveaux mots d'ordre. Ce sont les mêmes têtes pourries, pourvues du même stock idéologique qui a survécu. Mais cela n'a plus d'effet sur le peuple. Les anciennes appellations sont compromises, et lorsqu'elles se donnent un nouveau nom, le peuple les compare à cette sorte de gens qui transforment leur nom de famille, quand il commence à devenir gênant...

Douze années durant, ils ont foulé aux pieds la nation, ils ont piétiné l'honneur du peuple, craché sur la patrie, la honnissant et la souillant ; et maintenant ils se souviennent subitement du peuple qui souffre stoïquement, et maintenant, d'un seul coup, ce sont des patriotes intransigeants qui partent à l'assaut de la trahison et du pacifisme.

Ils sont pour la mise en défense du peuple, et déclarent avec un accent de conviction :

« *Ça ne peut plus durer comme ça ! Il faut donner à la nation ce qui lui revient* ».

Ils arborent un faux pavillon, et sont comparables à ces pirates qui transportent de la contrebande. Ils n'ont pas la moindre intention de sauver le peuple, ils veulent seulement faire servir l'insurrection populaire à leur cadavre de parti.

Mais ils reconnaîtront vite, que cela aussi est inutile. Et ils perdent alors leur sang-froid et abandonnent leur tranquillité d'esprit. Quand ces gens ont perdu leur calme, ils commencent à faire des bêtises. On s'aperçoit comme ils se portent mal, et malgré leur apparence de dignité, on voit leurs larmes qui coulent. Ils voudraient volontiers jouer les Goliath devant l'opinion. Ils font comme si ça allait bien pour eux. Ils se disent les uns aux autres : ne pas prendre peur, ne pas devenir nerveux, pas de psychose d'Hitler, tout ne va pas si mal.

Ils crient : « *Nous n'avons pas peur* », mais il en va chez eux comme chez ce jeune garçon qui doit passer la nuit à travers une sombre forêt et crie à haute voix : « *Je ne suis pas peureux !* », et qui ne veut qu'exorciser par là sa propre peur.

Il a fallu que le Mouvement national-socialiste lui aussi passe par les diverses phases de cette évolution. Partout on a tenté de le passer sous silence, de l'accabler de mensonges, et de le briser par la force. Et dès aujourd'hui, il n'y a plus d'autre possibilité en Allemagne d'en finir avec le national-socialisme que de reprendre ses thèmes et ses revendications pour partir ainsi en campagne contre lui.

À l'automne 1927, le Mouvement national-socialiste de Berlin se trouvait entre la deuxième et la troisième phase de cette évolution. On tentait encore de l'ignorer dans la presse ; mais c'était trop manifeste. On passa alors à la violence ; mais au bout de trois mois de combat, le Mouvement avait brisé aussi ce danger menaçant. Il n'y avait maintenant plus de frein à la marche triomphale du Parti. Le national-socialisme s'était imposé. Il pouvait entreprendre de consolider ses positions et partir pour de nouvelles conquêtes après avoir fait sauter les étroites limites de son action politique.

Der Angriff était donc devenu le véhicule populaire de nos conceptions politiques. Sans souci et sans entrave, nous pouvions y étaler nos opinions. On y parlait une langue frappante et sans équivoque et le peuple y prêtait l'oreille. Car c'était ainsi que l'homme de la rue aimait à parler sur son lieu de travail, dans l'autobus et dans le métro ; les revendications que nous élevions étaient traversées des cris d'indignation du peuple, et le peuple retenait ce cri.

« *Notre journal* », voilà comment les militants et les sympathisants appelaient *Der Angriff*. Chacun se sentait copropriétaire de cet organe. Chacun était convaincu qu'il n'aurait pu exister sans sa collaboration. Si le journal devait faire un jour des bénéfices, il était prévu que ceux-ci seraient employés dans leur totalité au profit du Mouvement. A Berlin, *Der Angriff* était le seul organe de presse non régi par les principes du capitalisme. En dehors du Mouvement, aucun d'entre nous n'en tirait avantage.

Jusqu'à aujourd'hui, il en a été ainsi. Nous avons fait des pieds et des mains pour que ce journal ne devienne pas une entreprise capitaliste privée. Chacun de ceux qui y collaboraient y était rétribué en fonction de ses possibilités et en proportion de son travail. Mais la feuille elle-même appartenait au Parti, et de ce fait à chacun des adhérents. Celui qui travaillait pour le journal servait ainsi le Parti non seulement dans une perspective de propagande, mais aussi au point de vue financier. Toute amélioration, toute augmentation du nombre des abonnés ou de la vente au numéro dans la rue, contribuait aussitôt à un bond en avant. De sorte que la feuille prenait de plus en plus d'importance et même s'il ne pouvait encore être question à l'époque de faire des bénéfices, nous étions quand même parvenus en l'espace de trois mois à couvrir nos frais de gestion, et nous n'avions plus à nous soucier que de la manière dont nous pourrions liquider les dettes contractées au nom du Parti, ou en notre propre nom, au moment de la fondation du journal.

Il fallait bien parfois se lancer dans des opérations financières risquées. Nous, qui ne comprenions pas grand-chose aux affaires d'argent, nous nous transformâmes en praticiens expérimentés du crédit et de l'emprunt. Nous percions un trou pour en colmater un autre. Par toutes les ruses possibles, nous nous efforcions d'équilibrer notre balance financière ; et il fallait en outre nous évertuer à ne rien laisser filtrer à l'extérieur de la situation financière souvent dramatique de *Der Angriff*.

Nous pouvons avouer aujourd'hui que nous fûmes souvent au bout du rouleau ; mais chaque situation était finalement dénouée, fût-ce par un procédé désespéré. Nous gardions bon courage et poursuivions notre travail dans l'espoir qu'à la longue, le destin nous serait plus favorable. On ne doit pas croire que les soucis causés par ces petites misères quotidiennes nous aient transformés en misanthropes pessimistes. Au contraire ! Nous étions tous beaucoup trop jeunes, pour perdre courage ne fut-ce qu'un seul instant, nous nous étions peu à peu tellement habitués au tragique de notre situation que nous le ressentions comme un état normal, on voudrait presque dire, idéal. Avec un humour sain, nous nous sommes tirés de toutes les situations critiques. Nous avons alors plus ri que broyé du noir.

Si on examine aujourd'hui rétrospectivement toute l'évolution du Mouvement national-socialiste, à partir de la petite secte insignifiante jusqu'au grand parti de masse imposant, on en revient toujours à la même conclusion : il est beau, et c'est une source de satisfaction, de se trouver à la veille de la réalisation de ses désirs. Mais il est encore plus beau et on est encore plus comblé, quand on commence lorsqu'on possède dans le doute la force et la foi de se mettre au travail, même si cela peut paraître insensé, absurde et inutile.

Nous étions tout, sauf de sombres putschistes excités. La presse pourtant aimait nous présenter ainsi. La plupart des chefs nationaux-socialistes sont de jeunes Allemands venus à la politique par suite de la détresse de l'époque. C'est la jeunesse allemande qui, ayant reconnu que la vieillesse était devenue incapable de surmonter les graves misères de notre temps, s'est occupée de politique et lui a conféré ce caractère de dignité et d'enthousiasme qui la distingue aujourd'hui de celle de tous les autres pays.

Avec une insouciance impudente, nous nous sommes

occupés des choses publiques. Nous avons commencé notre travail avec un tempérament d'adolescent ; c'est grâce seulement à ce tempérament qu'il n'est pas demeuré sans fruits.

La jeunesse s'est dressée contre la fausseté d'un état de choses qui lui était devenu intolérable. Elle provoqua le dégel de la politique et rompit les digues qui enserraient la liberté de mouvement de la politique allemande d'après-guerre. La jeunesse a éveillé les esprits, réchauffé les cœurs et secoué les consciences. S'il y a aujourd'hui en Allemagne encore un espoir d'un autre avenir, à qui le doit-on, sinon à nous et à notre Mouvement !

Dans la vie d'un homme, il y a des jours où l'on voudrait croire que tout le bonheur ou le malheur s'est fixé rendez-vous à la même heure. On pourrait ainsi supposer que cet homme reçoit sa récompense pour tout son malheur passé par un excès de bonheur, ou est puni par un excès de malheur de tout son bonheur passé. Le destin a mis de côté pour cet instant toutes ses surprises agréables ou désagréables et les déverse maintenant à profusion.

Pour le Mouvement berlinois et pour moi, ce jour fut le 29 octobre 1927. Ce jour-là, je célébrai justement mon trentième anniversaire. Dès les premières heures de l'aube, les heureuses surprises affluèrent en quantité. Le second courrier de la matinée m'apporta une lettre de la Préfecture de Police qui m'informait que l'interdiction de parole lancée contre moi depuis plus de quatre mois, était levée, avec cette restriction que je pourrais parler dans des réunions publiques à condition que la Préfecture de Police, prévenue à l'avance, eut accordé l'autorisation. C'était un hasard heureux et inespéré. Le courant massif d'affluence aux réunions allait maintenant se transformer en avalanche irrésistible. Le Parti obtenait une nouvelle possibilité de financement, et nous allions pouvoir surmonter les pesants soucis financiers. A partir de ce premier souhait d'anniversaire du 29 octobre 1927, la chaîne des événements heureux ne s'interrompit plus. Les fleurs, les vœux et les télégrammes affluèrent, exprimant spontanément la solidarité qui s'était forgée peu à peu, au cours d'une lutte de près d'un an, entre le Mouvement national-socialiste de Berlin et sa direction.

Je passai la soirée de ce jour mémorable chez un vieux militant. J'y fus invité, avec des airs mystérieux, à faire une promenade qui aboutit, sans que cela me parut suspect, dans un quelconque établissement de la banlieue berlinoise.

Sans me douter de rien, je pénétrai avec mon compagnon dans la salle, et on peut s'imaginer ma surprise lorsque je retrouvai derrière les portes verrouillées tous les militants de Berlin. On avait improvisé une fête d'anniversaire en mon honneur, et les militants n'avaient pas voulu manquer d'y apporter leurs propres surprises.

L'humour populaire berlinois s'y exprima d'une manière frappante. On me tendit solennellement une muselière, un masque d'Isidor patenté officiellement et breveté :

« *Parfaitement fidèle à la Constitution ; protège des coups de matraque !* »

Il y eut une pluie de vœux de la S.A. et des sections, rédigés en argot berlinois authentique, avec l'esprit propre à la capitale.

Un permanent me tendit un énorme paquet ; je fus stupéfait de voir qu'il contenait les fiches de deux mille cinq cents nouveaux abonnés à *Der Angriff* que les militants avaient collectés en deux mois sans que je le sache, au cours d'un travail de propagande inlassable et qu'ils m'offraient pour mon anniversaire.

Mais ce n'était pas tout. Ces pauvres gens sans fortune avaient organisé une collecte entre eux et m'offraient en cadeau d'anniversaire une somme de près de deux mille marks. J'étais ainsi en mesure de liquider les dettes les plus pressantes. Les arrières étaient assurés pour un nouveau travail de propagande.

Enfin, un S.A. s'approcha de moi et me remit une enveloppe fermée : elle contenait, déchirées, les reconnaissances de dettes d'une valeur de plus de deux mille marks, que j'avais endossées en mon nom personnel lors de la fondation de notre journal. Un billet brièvement rédigé m'informait que ces dettes étaient éteintes.

D'un seul coup, toutes nos préoccupations financières étaient terminées. *Der Angriff* n'était plus hypothéqué ; le Mouvement avait trois sous devant lui, pour faire face aux événements ; notre journal avait deux mille cinq cents abonnés supplémentaires et de fait son avenir était garanti ; l'interdiction de parole prononcée contre moi avait été levée par la Préfecture de Police ; bref, tous les préalables étaient réunis pour reprendre le travail avec une nouvelle vigueur et pour mener le Parti au cours du prochain hiver, vers de nouveaux succès et de nouvelles victoires.

Tous, les soucis et toutes les préoccupations que nous avions supportées pour le Mouvement trouvaient ainsi leur récompense. Notre bonne étoile réapparaissait. Les crises que nous avions depuis longtemps surmontées à l'intérieur, étaient aussi liquidées à l'extérieur. Un contact solide était rétabli à l'intérieur du Parti, l'organisation consolidée ; nous pouvions entreprendre de nouvelles actions politiques, sans être entravés dans notre liberté de mouvement par des questions d'argent. La direction politique reprenait l'initiative ; son temps et sa force n'étaient plus accaparés par de mesquins soucis d'argent. Moi-même, je redevenais un homme libre, et pouvais à nouveau me consacrer publiquement à mes tâches de propagande.

Ce soir-là, un groupe de S.A. donna une représentation d'amateurs qui dans sa simplicité touchante et par son naturel artistique, émut les spectateurs jusqu'aux larmes. L'évolution d'un ouvrier allemand du communisme au national-socialisme y était représentée par des tableaux animés. La pièce avait été composée par un S.A. inconnu et fut joué par des amateurs anonymes.

« Le théâtre national doit jaillir de la nation elle-même, du

peuple par le peuple et au moyen du théâtre d'amateurs. Il faut que le théâtre national soit le foyer de ces œuvres dramatiques qui sont les protagonistes d'une conviction héroïque, d'une grande idée, d'œuvres dramatiques qui illustrent les conceptions nationale-socialistes. Le théâtre national doit s'élever à partir du peuple et lui appartenir. »

C'est ainsi que l'un des interprètes amateurs avait annoncé la pièce. La représentation s'acheva par une manifestation de confiance unanime et magistrale. La salle fut finalement plongée dans l'obscurité. Un S.A. s'avança au-devant de la scène avec le drapeau du Parti et déclama un poème dédié à tous, proclamant que nous ne nous lasserions pas de combattre et que nous étions décidés à poursuivre la lutte jusqu'à la victoire avec de nouveaux moyens et de nouvelles méthodes.

« *Nous Berlinois, avons besoin d'un type qui batte de la caisse avec du nerf, pas tellement pour nous que pour les crétins qui ne veulent pas piger, qui sont comme des vaches regardant passer les trains... parce que nous savons que vous êtes le gars qu'il nous faut, et quand un de ces frangins vient vous engueuler et vous cracher dessus, ne vous en faites pas nous vous avons à la bonne... Donc, très honoré Docteur, cher camarade, nous vous présentons nos vœux et nous vous souhaitons tout le bonheur possible dans la bagarre, qui ne peut pas chauffer assez à notre goût... »*

Ainsi était rédigé le discours de circonstance d'un

S.A. inconnu, tout chargé d'humour primitif et de piques astucieuses. Les militants exprimaient ainsi leurs remerciements pour une année de travail, de soucis et de combats. Nous avions surmonté beaucoup de difficultés. Mais nous pouvions avoir maintenant le sentiment apaisant que la lutte et les soucis n'avaient pas été vains.

Autorisé par la Préfecture de Police !

Mardi 8 novembre 1927, à huit heures du soir, à l'Orpheum de Neuköln, Hasenheide 32-38, le Dr Goebbels parlera sur le thème :

« Danse macabre du peuple allemand. »

Venez en masse !

Cette affiche orna, la semaine suivante, toutes les colonnes d'affichage de la capitale du Reich. Le public apprit avec surprise que le Mouvement national-socialiste opprimé et bâillonné était ressuscité.

Interdit, mais pas mort ! Ce mot d'ordre trouvait une magnifique confirmation en ce mardi soir décisif, lorsque, à sept heures, devant l'Orpheum de la Hasenheide, au milieu d'un quartier prolétarien, la veille du jour anniversaire de la révolte des financiers de 1918, et le même jour que celui où, en 1923, Adolf Hitler proclama la révolution nationale à Munich, la foule s'assembla, et peu après l'ouverture des caisses, la grande salle de l'Orpheum fut remplie à craquer et la police dut empêcher les gens d'y pénétrer.

Ils étaient tous venus, les combattants de la première heure du Mouvement national-socialiste à Berlin. S.A. et S.S., permanents, sympathisants de près et de loin. La Vieille Garde du Parti se retrouvait pour célébrer solennellement la réapparition du Mouvement national-socialiste. Certes, l'interdiction de la Préfecture de Police n'était pas encore levée ; il nous fallut attendre encore près de six mois pour cela, mais elle était devenue inefficace. Les brimades et les mesures coercitives s'étaient avérées impuissantes. Par son opiniâtreté acharnée, le Mouvement avait fait sauter les liens dans lesquels on voulait l'enserrer.

Venus de l'atelier ou du bureau, des claires maisons de l'Ouest ou des sombres cours des services de chômage, ils étaient assis là, les hommes de la Vieille Garde. D'un cœur ardent, ils firent le serment solennel de continuer à se consacrer à la cause que nous servions avec désintéressement, de toutes nos forces, et qu'aucune puissance au monde ne pourrait nous contraindre à abandonner.

Par-delà la terreur et la répression, les brimades et la prison, le droit et la vérité triomphaient, le drapeau de notre foi s'élevait à nouveau en flamboyant. On peut nous plier, mais pas nous rompre. On peut nous mettre à genoux, mais nous ne capitulerons jamais !

Nous, jeunes nationaux-socialistes, savons de quoi il retourne. Nous sommes pénétrés de la conviction que si nous doutons, l'Allemagne sera précipitée dans le chaos. C'est pourquoi nous nous dressons fermement pour défendre notre cause, même si elle paraît sans espoir, et nous trouvons notre justification dans la vérité de cette exigence que Richard Wagner a un jour rattachée au germanisme : il s'agit d'en faire une cause en soi.

Le 29 octobre 1927, le pessimiste et le sceptique ont dû se convaincre qu'une nouvelle phase de révolution du Mouvement national-socialiste à Berlin avait commencé. Ce S.A. qui apparut avec force et résolution en brandissant, face à l'auditoire saisi, un étendard couronné de fleurs, et qui donna libre cours à sa colère et à son indignation dans un poème aux paroles pleines de vigueur, avait exprimé ce qui emplissait, jusqu'à déborder, le cœur ardent de la Vieille Garde du Parti :

> « Rassemblons-nous autour du drapeau, Tel un rempart de héros germaniques. Trompettes, sonnez l'assaut !
> Allemands du Reich, répondez à rappel ! Interdit, le Parti de Berlin ?
> Ils veulent la guerre, nous la leur ferons. Et nous briserons la terreur rouge.
> Nous secouerons les assises de sa puissance, Jusqu'à ce que les trônes juifs vacillent.
> Et nous irons alors vous porter nos compliments A notre manière ! »

"Dieses Buch wid1ne ich der alten Berliner Parteigarde"

Combat pour Berlin

Exegi monumentum aere perennius

Déjà parus

OMNIA VERITAS

Omnia Veritas Ltd présente :

Pierre-Antoine Cousteau
Lucien Rebatet
Dialogues de "vaincus"

«Pour peu qu'on décortique un peu le système, on retrouve toujours la vieille loi de la jungle, c'est-à-dire le droit du plus fort.»

Le Droit et la Justice sont des constructions métaphysiques

OMNIA VERITAS

Omnia Veritas Ltd présente :

LES PAMPHLETS de LOUIS-FERDINAND CÉLINE

« ... que les temps sont venus, que le Diable nous appréhende, que le Destin s'accomplit. »

Un indispensable devoir de mémoire

OMNIA VERITAS

Omnia Veritas Ltd présente :
LES ŒUVRES DE PAUL RASSINIER

J'avais pensé que, sur un sujet aussi délicat, il convenait d'administrer la vérité à petites doses

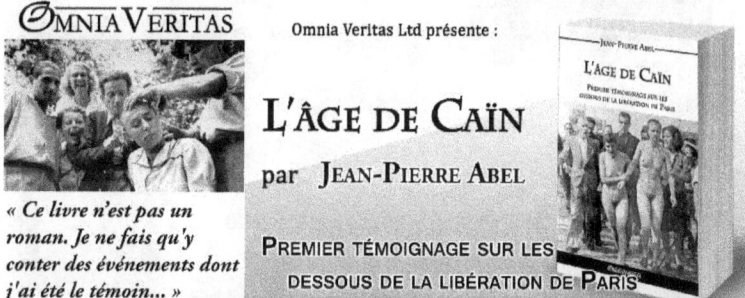

www.omnia-veritas.com

www.ingramcontent.com/pod-product-compliance
Lightning Source LLC
Chambersburg PA
CBHW070739160426
43192CB00009B/1495